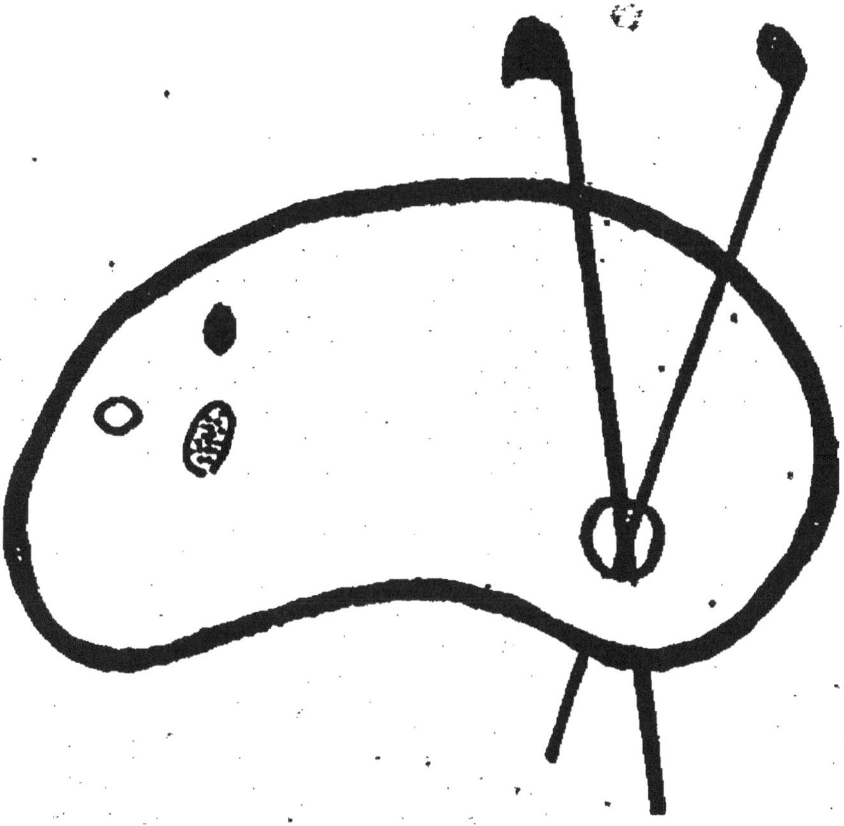

DEBUT D'UNE SERIE DE DOCUMENTS
EN COULEUR

LES GENRES LITTÉRAIRES

La Comédie

(ÉVOLUTION DU GENRE)

PAUL DELAPLANE
ÉDITEUR

EN VENTE A LA MÊME LIBRAIRIE

Auteurs français (études critiques et analyses), par Léon Levrault, ancien élève de l'École normale supérieure, agrégé des lettres, professeur de rhétorique au lycée d'Angers. 1 vol. in-12, broché.................................... 3 50
— Relié toile souple.. 4 »

Auteurs latins (études critiques et analyses), par Le même. 1 vol. in-12, broché................................ 2 50
— Relié toile souple.. 3 »

Auteurs grecs (études critiques et analyses), par Le même. 1 vol. in-12, broché................................ 2 50
— Relié toile souple.. 3 »

Ces trois volumes sont rédigés conformément aux programmes (des classes de troisième, seconde et rhétorique).

Histoire de la littérature française, par René Doumic, ancien élève de l'École normale supérieure, agrégé des lettres, professeur de rhétorique au collège Stanislas. 1 vol. in-12, (nouvelle édition revue, augmentée et entièrement recomposée), broché................................. 3 50
— Relié toile souple.. 4 »

Histoire de la littérature latine, par MM. Alf. Jeanroy, professeur à la Faculté des lettres de l'Université de Toulouse, et A. Puech, maître de conférences à la Faculté des lettres de l'Université de Paris. 1 vol. in-12, broché... 2 75
— Relié toile souple.. 3 25

Histoire de la littérature grecque, par Max Egger, agrégé des lettres et de grammaire, professeur au lycée Henri IV. 1 vol. in-12, broché............................ 3 »
— Relié toile souple.. 3 50

Études littéraires sur les auteurs français prescrits pour l'examen du brevet supérieur (1900, 1901, 1902), par MM. René Doumic et Léon Levrault. 1 vol. in-12, broché. 3 50

Cours de composition française (la méthode, les genres), par Édouard Chanal, agrégé des lettres, Inspecteur d'Académie. 1 vol. in-12, broché........................... 2 75

La composition enseignée par l'exemple (narration, portrait et parallèle, dialogue et discours, dissertation, lettre), par Le même. 1 vol. in-12, broché.................... 2 50

11873-00. — Corbeil. Imprimerie Éd. Crété.

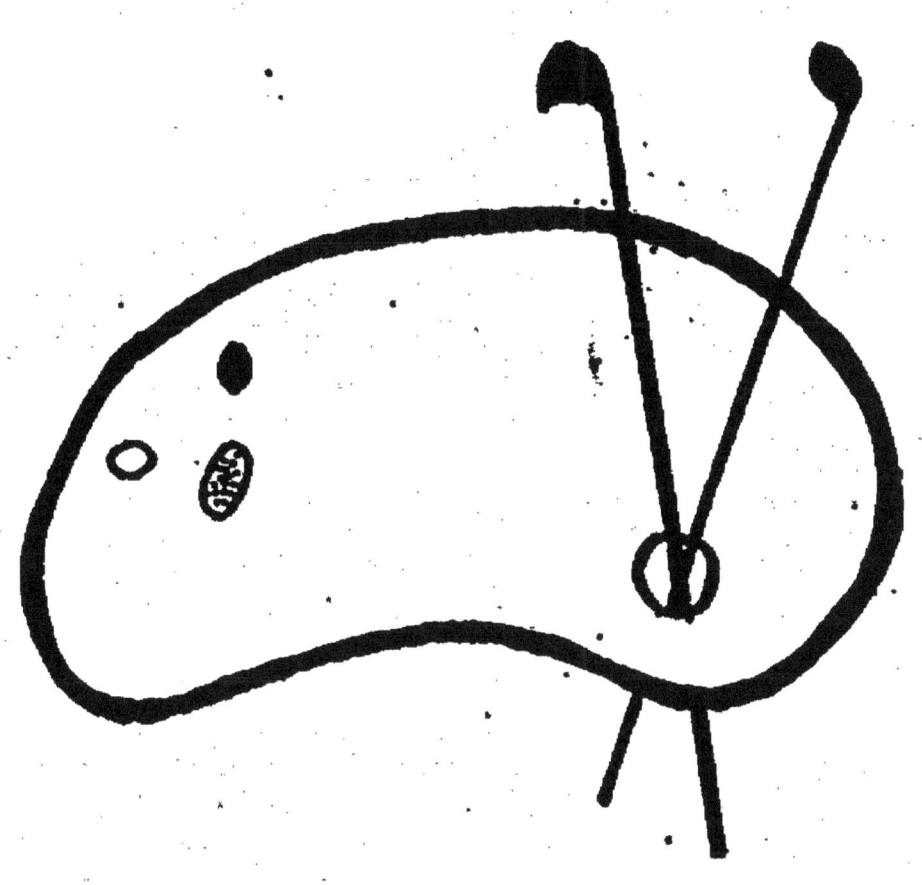

FIN D'UNE SERIE DE DOCUMENTS EN COULEUR

La Comédie

LES GENRES LITTÉRAIRES

Vient de paraître :

L'Épopée, par Léon Levrault. 1 vol............ » 75
Le Roman, par Léon Levrault. 1 vol............ » 75

Pour paraître successivement :

Drame et Tragédie....................... 1 vol.
La Fable et la Satire.................... 1 vol.
L'Éloquence............................. 1 vol.
Les Moralistes.......................... 1 vol.
Les Historiens.......................... 1 vol.
Les Correspondances..................... 1 vol.
La Poésie lyrique....................... 1 vol.
La Critique littéraire.................. 1 vol.
Le Journalisme.......................... 1 vol.

LES GENRES LITTÉRAIRES

La Comédie

(ÉVOLUTION DU GENRE)

PAR

LÉON LEVRAULT

ANCIEN ÉLÈVE DE L'ÉCOLE NORMALE SUPÉRIEURE
AGRÉGÉ DES LETTRES
PROFESSEUR DE RHÉTORIQUE AU LYCÉE D'ANGERS

PARIS
LIBRAIRIE PAUL DELAPLANE
48, RUE MONSIEUR-LE-PRINCE, 48

Depuis un quart de siècle, l'histoire littéraire a pris chez nous une grande importance, et l'on se préoccupe beaucoup aujourd'hui de l'évolution des genres. Le moment nous a donc paru favorable à la publication d'une série de brochures où cette évolution serait étudiée. Certes, nous ne prétendons pas faire ici œuvre d'érudit; mais nous résumons en une centaine de pages, sous un format commode, ce qui intéresse l'histoire d'un genre particulier.

Nous espérons être utile aux jeunes gens qui préparent un examen quelconque : brevet supérieur, baccalauréats, licence ès lettres. Mieux que dans un cours d'histoire littéraire, ils pourront suivre, depuis le moyen âge jusqu'à nos jours, le développement de la comédie, par exemple, ou de l'épopée. Et nous leur permettrons ainsi de replacer plus aisément dans l'évolution du genre la pièce de théâtre ou le poème que leur font expliquer leurs professeurs.

En terminant, nous formerons un vœu : celui d'avoir pour lecteurs, non seulement les écoliers et les étudiants, mais tous ceux qui s'occupent de littérature d'une façon désintéressée. Nous serions heureux si nos brochures pouvaient leur plaire et si, avant de lire quelque ouvrage d'un Hugo ou d'un Lamartine, d'un Balzac ou d'un Alphonse Daudet, d'un Augier ou d'un Rostand, ils venaient chercher en ces modestes essais l'histoire rapide du genre illustré par nos contemporains (1).

L. L.

---

(1) Il est bien entendu que, dans cette rapide histoire du genre, nous n'avons point la prétention d'étudier tous les comiques. Nous nous bornons — et cela surtout pour le xixe siècle — aux auteurs dont l'importance fut incontestable.

LA COMÉDIE

(ÉVOLUTION DU GENRE)

CHAPITRE PREMIER

LA COMÉDIE AU MOYEN AGE

Les origines. — Il n'est point de genre littéraire qui soit plus aimé chez nous que le genre dramatique. L'éclatant succès d'une belle pièce est une victoire pour l'orgueil national, et, lorsqu'il faut vivre loin des grands centres, rien ne paraît plus dur à nos compatriotes que la privation de tout spectacle. Voltaire, dans son exil de Ferney, et George Sand, dans sa solitude berrichonne, prenaient la toge romaine ou la mantille espagnole afin de jouer, devant des banquettes vides, avec leurs amis ou leurs proches. Et voilà qui est bien français! Voilà qui est caractéristique de notre passion pour le théâtre! Cependant, même sur la scène, nous n'aimons point tout d'un égal amour; et c'est à la joyeuse comédie qu'allèrent toujours nos préférences. N'avait-elle pas ce qui devait séduire un peuple malicieux et foncièrement honnête, puisqu'elle persifle les gens ridicules et qu'elle marque au front les coquins ? Aussi, à toutes les heures de notre histoire, que l'auteur s'appelle Molière ou Lesage, Beaumarchais ou Émile Augier, nous trouvons la comédie debout contre les méchants et les sots, avec son rire bruyant et vengeur, avec ses gaies chansons qui, semblables à celles de l'alouette, disent l'éternelle fraîcheur et l'éternelle jeunesse de la race.

La comédie ne sortit point en France de l'imitation d'Aristophane, de Plaute et de Térence. Les épisodes amusants des chansons de geste ou des drames sacrés durent en donner une première idée aux poètes, et l'on dialogua certains fabliaux joyeux pour les débiter sur les tréteaux. Telles furent, évidemment, les origines de notre théâtre comique. N'oublions pas, toutefois, de signaler quelques réjouissances populaires, dont l'influence est incontestable sur la direction que prit le genre. Ce sont les cérémonies burlesques qu'à divers moments de l'année la foule, affranchie de toute réserve, introduisait dans l'Église. Chacun connaît ces processions bizarres, où l'on brûlait des boudins ou de vieilles savates dans les encensoirs ; cette Messe de l'âne, avec la parodie de l'office divin ; et cette fameuse Fête des Fous qui élisaient un pape ridicule, le coiffaient d'une mitre en carton et le promenaient par la ville (1). Bientôt les évêques s'indignèrent ;

---

(1) Voici un échantillon des versets que l'on chantait dans ces regrettables cérémonies (nous traduisons en français moderne): « Monseigneur, qui est ici présent, vous donne vingt panerées de mal de dents, et, à tous vous autres aussi, il donne une queue de rosse ». Les versets de la messe de l'âne sont bien connus.

les Parlements rendirent des arrêts, et l'on chassa loin des cathédrales tous ces profanateurs. Mais les cérémonies, qu'ils avaient pu accomplir si longtemps, offrent un intérêt fort grand pour l'histoire littéraire, et, sans exagérer leur importance, on doit reconnaître qu'il y avait en germe les *sollies* dans ces étranges saturnales.

Adam de la Halle. — La plus profonde obscurité plane, d'ailleurs, sur les débuts de la comédie française. Rien ne nous est parvenu qui soit antérieur au règne de saint Louis ; et, pourtant, il dut y avoir autre chose que de simples parades, car nous rencontrons au xiiie siècle deux œuvres qui attestent un certain développement du genre : le *Jeu de la Feuillée* et le *Jeu de Robin et Marion*. Elles furent écrites par Adam de la Halle (1), un trouvère à l'imagination hardie ; et nous admirons aujourd'hui encore leur puissante originalité.

Le *Jeu d'Adam* ou *de la Feuillée* fut représenté dans la ville natale du poète, aux environs de l'année 1262. L'auteur, paraissant lui-même sur la scène, disait le mariage d'amour contracté malgré l'opposition de maître Henri, son père. Aujourd'hui, la passion n'existe plus, et l'inconstant jeune homme rêve de quitter son épouse pour aller étudier à Paris. Maître Henri approuve fort ce dessein ; mais il faut de l'argent quand on voyage et le

---

(1) Adam de la Halle (1230? — 1288?) naquit à Arras, ville célèbre au moyen âge par son amour des beaux-arts. Il appartenait à la bonne bourgeoisie et s'illustra en composant des poésies lyriques et des pièces de théâtre. C'est loin de l'Artois qu'il mourut : à Naples où il avait suivi Robert d'Artois, neveu de saint Louis.

vieil avare ne veut point donner un écu. Pendant que le trouvère songe aux moyens de se procurer les ressources indispensables, on s'amuse beaucoup d'un brave moine qui promenait les reliques de saint Macaire et qu'on dépouille, après qu'il a trop bien dîné. Cet intermède bouffon terminé, voici une scène fort piquante. Le roi fantastique Hellequin avait donné rendez-vous sous la Feuillée d'Arras aux fées Morgue, Arsile et Maglore (1). C'est maître Adam qui héberge les toutes puissantes voyageuses, et elles lui font les plus beaux souhaits d'avenir. Malheureusement, il a semblé négliger la susceptible Maglore, et, annulant ce qu'avaient promis ses compagnes, elle condamne le poète à vivre auprès de sa femme « si douce et si tendre » dans « les douceurs du séjour d'Arras ».

Le *Jeu de la Feuillée* est une comédie des plus curieuses, et ce n'est point sans quelque raison qu'on l'a qualifiée d'« aristophanesque ». Certes, maître Adam n'a point le génie du grand comique athénien ; mais sa manière offre de réelles analogies avec celle d'Aristophane. Ici, des bouffonneries ou des indécences choquent notre délicatesse ; mais lorsque le poète nous conte l'histoire de ses premières amours, quelle grâce exquise et quelle fraîcheur (2) !... Dans les scènes du début,

---

(1) Une *feuillée* était un abri fait de branches, une vaste tonnelle.
(2) Voici quelques vers traduits en français moderne :

.... C'était l'été, beau et serein,
Doux et vert, et clair, et joli,
Délectable en chants d'oisillons.
En haut bois, auprès d'une eau vive
Courant sur lit de fins cailloux,
Devant moi j'eus la vision
De celle.... Aujourd'hui, c'est ma femme!

l'impertinent trouvère jette son père sur le théâtre, persifle l'avarice du bonhomme et crible de railleries les habitants d'Arras; mais tournez quelques feuillets, et vous voilà, comme dans les *Oiseaux*, en pleine féerie. Il faudra attendre Shakespeare et le *Songe d'une nuit d'été* pour trouver une pièce aussi étrange et aussi audacieuse dans son originalité.

C'est une jolie chose également que le *Jeu de Robin et Marion*. Nos aïeux goûtèrent beaucoup cette petite pièce et elle demeura populaire pendant plus de deux cents ans. Le poëte nous y montre des bergers et des bergères, qui causent de leurs amours, font ripaille et dansent après avoir dit de joyeux couplets. Si un entreprenant chevalier n'essayait point de ravir une gentille villageoise, il n'y aurait pas l'ombre d'action. Mais ici peu importe ! Le *Jeu de Robin et de Marion* est une peinture naïve de la vie rustique; il contient vingt-six morceaux qu'on chantait avec un accompagnement fait par l'auteur (1); et ce n'est point un mince honneur pour le trouvère d'Arras que d'avoir inauguré la pastorale et l'opéra-comique, deux genres dont l'avenir devait être si beau.

Les sotties. — Chose étonnante, un pareil maître n'eut point immédiatement de disciples. Il n'y avait rien avant le *Jeu de la Feuillée*, et on ne trouve rien non plus pendant toute la durée du xive siècle. Peut-être, comme l'ont pensé certains

(1) Nous avons conservé la musique de ces morceaux écrits par Adam de la Halle.

médiévistes, les comédies d'alors ont-elles disparu à cause de rajeunissements ultérieurs. Mais il nous semble plus vraisemblable que l'invasion anglaise, la Jacquerie et la peste noire arrêtèrent pour un temps le développement de la comédie : au milieu de telles misères et de telles horreurs qui donc aurait eu le courage de badiner ?

Heureusement, dès le xve siècle, grâce aux « confréries joyeuses », c'est une renaissance complète du genre. Partout pullulent des associations de francs lurons qui cherchent à faire rire en se moquant de tout le monde : les *Connards* de Rouen par exemple, les *Suppôts de la Mère folle* à Dijon, et les *Enfants sans souci* dans la capitale. Bientôt, les clercs qui constituaient la corporation de la *Basoche* s'avisent eux aussi de donner des représentations théâtrales. Et la comédie prend hardiment son essor, avec ces audacieux compères pleins de jeunesse, de verve et de gaieté.

Les *Enfants sans souci* et les autres « confréries joyeuses » se passionnèrent surtout pour les sotties. Partant de cette idée que la folie est générale et que nous sommes tous aveuglés par nos passions, ils firent de l'humanité une assemblée de Sots. On vit sur le théâtre Sot trompeur, Sot ignorant, Sot dissolu, Sot glorieux et mille autres encore qui incarnaient quelque vice éternel, ou quelque ridicule particulier à une caste. La société tout entière fut justiciable de ces terribles railleurs qui s'habillaient de jaune et de vert, se coiffaient d'un bonnet à longues oreilles et portaient la marotte à la main.

Ils ne craignirent pas d'aller plus loin. Non seulement l'on joua au xve siècle des soties morales comme celles du *Monde* et des *Abus*, mais aussi des pièces où sont très vivement critiqués les hommes politiques et leurs actes. Le théâtre devient une tribune où l'on soutient avec passion les revendications bourgeoises, et les auteurs ne le cèdent point en violence aux journalistes du temps présent. Certaine sotie montrait la Noblesse et l'Église exploitant sans pudeur aucune la Pauvreté. Dans les *Gens nouveaux*, un poète développait cette idée vieille comme le monde que le petit peuple ne gagne jamais grand'chose aux changements du personnel gouvernemental. Le pouvoir intervenait quelquefois pour réprimer ces audaces : Charles VIII fit emprisonner Henri Baude qui avait malmené ses ministres; et, sous le règne de Louis XII, quelques basochiens furent fouettés pour des railleries cruelles à l'adresse de la reine Anne. Mais, en général, le Père du peuple se montrait favorable à la liberté du théâtre, et il acceptait de bonne grâce qu'on se moquât de ses propres travers; car les auteurs comiques, prétendait-il, permettaient de connaître l'opinion.

Ils servaient aussi à agir sur elle, et c'est pourquoi Louis XII leur témoignait tant d'indulgence. Lors de ses démêlés avec le pape Jules II, il fit appel à Pierre Gringoire, un poète de grand talent. Celui-ci composa la *Sotie du Prince des Sots*, qu'on représenta aux Halles de Paris, le 24 février 1512. Tout en exprimant par l'intermédiaire de Sotte Commune les souhaits du peuple qui désirait la paix, Gringoire démontrait que le pape contraignait le roi de France à la guerre. Un personnage en costume « d'Église » tâchait de séduire les barons, corrompait les abbés par la promesse de « rouges chapeaux », et poussait les prélats à la révolte. Mais bientôt on s'apercevait que cette fautrice de discorde n'était pas « mère Sainte Église » : c'était Mère Sotte (1), affublée de vêtements volés! Et on la détrônait, en des termes qui atteignaient directement le pape :

> Mère Sotte, selon la loi,
> Sera hors de sa chaire mise,
> Car elle fut posée de fait
> En sa chaire par Simonie!

C'était une belle journée pour la sottie que le Mardi gras 1512; et il semblait que la comédie politique avait conquis en France droit de cité. Mais les rois se rendirent bientôt compte des dangers qu'elle présentait; François Ier montra une implacable sévérité; et la sottie, dépouillée de ses plus importants privilèges, dut se consacrer uniquement à la satire des vices ou des travers généraux.

Les moralités (2). — Un autre genre, qui n'avait rien d'agressif, plut beaucoup aux hommes du moyen âge; c'était la moralité. Il fut principalement cultivé par des écoliers et des clercs

---

(1) La Mère Sotte était le second dignitaire de la confrérie des *Enfants sans souci*.
(2) Il y eut des moralités sérieuses et tragiques. Naturellement, nous les écartons de cette étude.

de la Basoche, personnes savantes, désireuses d'étaler leur érudition, éprouvant le besoin de prêcher. Aussi rien de plus manifeste dans les moralités que l'intention didactique. Toujours, il s'agit de prôner une vertu ou de flétrir un vice, et, suivant le cas, d'en présenter aux spectateurs les avantages ou les inconvénients. Mais comment rendre cela dramatique? Comment porter des abstractions sur la scène, où il faut que tout soit réel et bien vivant?... Les poètes eurent recours à l'allégorie; ils s'inspirèrent de ce *Roman de la Rose* où s'agitaient « Male-Bouche », « Dame Oiseuse », « Bel Accueil »; et, pour faire accepter leurs leçons, ils personnifièrent hardiment les choses du monde moral.

La plus célèbre de ces moralités est la *Condamnation de Banquet* que composa, vers 1507, Nicolas de la Chesnaye, médecin du roi. C'est une comédie fort curieuse; et, elle passe, à bon droit, pour le modèle du genre.

Après que le docteur « prolocuteur » a exposé le précepte moral dont il faut démontrer la justesse, l'action s'engage. Une société de bons vivants, qui s'appellent Bonne Compagnie, Gourmandise, Friandise, Passe-temps, Je pleige d'autant(1), Je bois à vous, commettent la faute d'accepter une invitation que leur adressent Dîner, Souper et Banquet.

Dîner traite fort bien ses convives et ne leur cause aucun dommage; mais déjà ils sont suivis d'assez près par des drôles à mine patibulaire : Hydropisie, Paralysie, Apoplexie, Jaunisse, Goutte et Gravelle. Dans la demeure de Souper, tout ne se passe point d'aussi agréa-

(1) Cela veut dire : « J'accepte tous les toasts ».

ble façon. Tandis que nos imprudents vident en chantant force bouteilles, leur hôte introduit les spadassins de tout à l'heure, qui les jettent hors du palais après les avoir cruellement meurtris. Mais les joyeux débauchés sont incorrigibles ; et, quand ils ont bien maudit ce « garnement » de Souper, ils se rendent néanmoins chez Banquet, où Apoplexie et ses complices égorgent traîtreusement la moitié d'entre eux.

Les survivants dénoncent le crime à Dame Expérience, qui dépêche aussitôt contre les coupables Sobriété, Remède, Clystère, Saignée, Diète et Pilule. Appréhendés par ces braves sergents, Souper et Banquet comparaissent devant une haute Cour où siègent, à côté d'Expérience, les savants Hippocrate, Avicenne, Averroès et Galien. Après de longues dissertations, on exile Souper à six lieues — c'est-à-dire à six heures — de Dîner ; et l'on envoie à la potence le pauvre Banquet, dont la mort est très édifiante.

Certes, la pièce ne manque point de mérite ; elle renferme des couplets joliment tournés ; c'est ingénieux et souvent spirituel. Mais était-il besoin de 3 600 vers pour développer cette vérité qu'on doit dîner suffisamment à midi, souper avec sobriété six heures plus tard, et ne jamais banqueter pendant la nuit ? Fallait-il multiplier les citations, instituer des discussions interminables, abuser de l'allégorie ou évoquer les ombres des savants de l'antiquité ? En somme, la moralité est un genre faux et rendu ennuyeux par le pédantisme naturel au milieu dans lequel il prit naissance. On aurait tort cependant de la négliger tout à fait. Elle répond à des habitudes bien françaises : le besoin de moraliser au théâtre et cette passion de la psychologie qui nous pousse à incarner dans un type l'Hypocrisie, la Débauche ou l'Avarice. Voilà ce qui donne une certaine importance à la moralité et voilà pourquoi, dans l'histoire du genre, on ne saurait oublier la *Condamnation de Banquet*.

La farce (1). — Sotties ou moralités pouvaient nous intéresser grâce à l'audace politique ou à l'esprit ingénieux de leurs auteurs : la farce nous semble toutefois préférable, car elle se rapproche beaucoup plus du théâtre tel que le comprennent les modernes. Molière ne la dédaigna point; Labiche la remit en faveur; et, aujourd'hui encore, devenue la comédie à quiproquos, elle excite le délire de la foule, avec la *Dame de chez Maxim*, ou *Trois femmes pour un mari*. C'est donc un genre qui n'est point mort comme les deux autres à l'aurore de la Renaissance; et l'on peut dire qu'il a fourni une belle carrière depuis plus de quatre cents ans.

Nulles pièces, d'ailleurs, n'étaient plus capables que les farces d'amuser les Gaulois qui aimaient tant à rire. La chronique scandaleuse de la province, de la petite ville et même du quartier, nous y est contée avec verve. Des railleurs sans pitié attaquent indistinctement toutes les conditions et tous les ordres. Chambrières hardies et babillardes, valets rusés et voleurs, maris faibles et ridicules, femmes capricieuses et autoritaires, gens d'armes peureux mais fanfarons, monde du

---

(1) Le mot « farce » signifie « un mélange » (mélange sans doute de patois et peut-être de vers différents).

Palais ou de l'Église, tous sont jetés en pâture au public, et sur eux les auteurs de farces répandent le sel à pleines mains. Rien ne saurait nous donner du xv° siècle une idée plus exacte et une peinture plus pittoresque.

Il est regrettable que les farces, comme à peu près toutes les œuvres du moyen âge, soient déparées par de graves imperfections. Les contradictions, les longueurs, les épisodes ennuyeux y abondent ; la trivialité et l'indécence s'y étalent ; et l'abus des plaisanteries scatologiques nous autorise à dire que ce serait là une littérature d'apothicaires, si ce n'était surtout une littérature de truands. Toutefois on peut déterrer quelques perles dans cette lourde masse de fumier. C'est, par exemple, le *Franc archer de Bagnolet*, où un matamore, plein d'emphase, s'affole devant un épouvantail à moineaux. C'est le *Cuvier*, qui nous apprend comment l'infortuné Jacquinot reconquit, grâce à un accident favorable, l'autorité que lui avaient ravie femme et belle-mère. Enfin, il y a *Maître Pierre Pathelin*, une joyeuse farce écrite sous le règne de Louis XI ; et l'on ne saurait trop déplorer que, malgré les efforts des érudits, elle reste encore anonyme (1) ; car, c'est de l'aveu général, le chef-d'œuvre du théâtre comique au moyen âge.

Maître Pierre Pathelin est un avocat de talent et il serait le roi du barreau, s'il lui était possible de plaider. Mais sa robe a de larges trous ; la commère Guille-

---

(1) On a désigné, à tour de rôle, comme pouvant être l'auteur de cette farce, Villon, Antoine de la Salle et Pierre Blanchet.

mette perdrait son temps à vouloir repriser cette guenille, et les plaideurs s'écartent d'un personnage si mal vêtu. Que fera notre matois compère pour se procurer un habit neuf, sans bourse délier?.. Il entre dans la boutique du drapier Guillaume, flatte la vanité du bonhomme par mille adroits compliments, et lui achète beaucoup plus cher qu'elles ne valent six aunes d'excellent drap. Seulement, comme il oublia sa bourse, il prie le marchand de venir chercher l'argent à la maison. On profitera de l'occasion pour manger une oie succulente et pour boire de fortes rasades entre amis. La suite de l'aventure se devine aisément. Lorsque, deux heures plus tard, le drapier vient frapper à la porte de Pathelin, dame Guillemette, tout éplorée, lui répond que « le pauvre martyr » garde le lit depuis onze semaines, et l'avocat, en simple chemise, joue devant lui la comédie du délire. Guillaume finit par se laisser convaincre, et, croyant qu'il a été le jouet du Diable, il donne en gémissant le coupon de drap, « pour Dieu, à celui qui l'a pris » !

Bientôt un nouveau malheur lui arrive. Notre marchand s'aperçoit que son serviteur Aignelet fait disparaitre de nombreux moutons, en prétendant qu'ils meurent de la clavelée. Mais il y a une justice en France et le voleur, cité devant le tribunal, s'en apercevra. L'affaire d'Aignelet serait mauvaise, s'il n'avait pour avocat l'illustre Pathelin. Celui-ci conseille à son client de ne répondre que par des bêlements, et il déconcerte maître Guillaume qui, retrouvant son premier voleur, mêle étrangement l'histoire du drap avec l'aventure des moutons. On devine le trouble du juge : il se croit en présence de fous et d'idiots, il descend de son tribunal et renvoie l'accusé absous. La pièce ne serait pas complète si Pathelin n'était, à son tour, la dupe de quelqu'un. C'est, en effet, ce qui a lieu tout aussitôt. L'avocat demande son salaire à Aignelet; il n'obtient, lui aussi, d'autre réponse que des bêlements, et il s'écrie avec amertume :

> Maugré bieu ! Ai-je tant vécu,
> Qu'un berger, un mouton vêtu,
> Un vilain paillard me rigole !

On doit reconnaître avant tout les mérites du *Pathelin* qui sont fort rares pour l'époque. L'auteur inconnu de cette comédie savait imaginer d'amusantes situations, et plusieurs scènes sont conduites avec art : celle du jugement, par exemple, si mouvementée et si bouffonne, ou celle de l'achat du drap avec le manège des deux compères. Et il ne faudrait que de légères retouches pour les rendre très agréables sur un théâtre d'aujourd'hui.

Les caractères des personnages furent étudiés, non sans quelque finesse. Guillemette, c'est la bourgeoise grondeuse et âpre au gain, mais une fine mouche et une excellente comédienne qui sait pleurer, se mettre en colère ou jouer à la pudeur offensée, quand il s'agit d'évincer un importun. Le drapier Guillaume, dont elle aurait pu être la digne compagne, nous représente bien ces marchands avides qui pullulaient dans les rues tortueuses du moyen âge. Il attend la pratique derrière son comptoir, comme un voleur au coin d'un bois; il fait « l'article » avec une maestria superbe, et il triomphe insolemment, lorsqu'il a dupé quelque « bec jaune ». Pourquoi faut-il que notre honnête commerçant soit trop vaniteux et trop ami de la bonne chère ? Voilà ce qui cause ses malheurs et ce qui l'oblige à se demander avec tristesse : « Suis-je le roi des marchands ? » Son excuse est qu'il doit lutter contre des trompeurs émérites. Regardez Aignelet, le rustre à physionomie d'idiot : certains clignements d'yeux, accompagnés de certaines paroles, vous avertiront que ce « mouton vêtu » est « assez malicieux pour entendre finesse ». Il suit bien, en effet, la leçon qu'on lui fit et il tient jusqu'au bout son personnage. Peu intelligent, il possède cette rouerie des gens simples, grâce à laquelle on triomphe souvent d'un maître en l'art de mentir, d'un avocat Pathelin. Ce n'est point là, d'ailleurs, une mince victoire ; car le subtil robin est un merveilleux artiste. Très retors et dénué de tout scrupule, il ne vaut pas mieux que les larrons dont il prend la défense au tribunal ; mais quelle science des stratagèmes et quelle habileté dans la flatterie ! Qu'on l'examine tandis qu'il est en train de gagner son drap : politesse mielleuse, étalage de dévotion, compliments adroitement glissés, il n'est aucun moyen qu'il néglige ; et il affecte même de se tromper dans ses comptes pour inspirer plus de dédain, mais aussi de confiance, au marchand drapier. Pauvre Guillaume, qui traite de « bec jaune » un si rusé personnage ! C'est, au contraire, le roi des fourbes ! C'est Renart devenu basochien !

Malgré ces jolies scènes et ces caractères assez vigoureusement dessinés, le *Pathelin* n'est point une œuvre qui s'impose. Il y a dans cette comédie deux actions successives, assez mal reliées entre elles. Il y a l'immoralité foncière qui nous choque. Quel est le héros de cette pièce, où aucun personnage ne mérite notre sympathie ? Le berger Aignelet, le « mouton vêtu », le vainqueur de Pathelin et de Guillaume ! Plus sot que le drapier, il est plus fripon que l'avocat. Il reste le plus fort, surtout ! Aussi l'on sent une secrète admiration de l'auteur pour ce rustre, et l'on devine celle du public. Et cela est très conforme à l'esprit d'une époque où régnaient les pathelins politiques, où l'historien Commines déclarait cyniquement : « Qui a le profit a l'honneur. » Mais cela répugne à notre délicatesse, car ce n'est ni moral, ni généreux.

La farce de M⁰ *Pathelin*, amusante et intéressante, pleine d'observation juste et de force comique, est donc le chef-d'œuvre de la comédie au moyen âge. Nous estimons cependant qu'elle reste fort imparfaite, et nous n'admettons pas qu'on puisse s'écrier ici, comme le fit, plus tard, un spectateur, à la première représentation des *Précieuses ridicules* : « Courage ! Voilà la bonne comédie ! »

MÉMENTO BIBLIOGRAPHIQUE : Le Roux de Lincy et Francisque Michel : *Recueil de farces, moralités et sermons joyeux*; A. de Montaiglon : *Ancien théâtre français* (Bibliothèque Elzévirienne); P. L. Jacob : *Recueil de farces, soties et moralités*; E. Fournier : *Le théâtre français avant la Renaissance.* — Petit de Julleville : *Répertoire du théâtre comique en France au moyen âge; Les Comédiens en France au moyen âge; La Comédie et les mœurs en France au moyen âge; le Théâtre en France*; Tivier : *Histoire de la littérature dramatique en France*; Lenient : *la Satire en France au moyen âge*; Guy : *Adam de la Halle*.

CHAPITRE II

DE JODELLE A MOLIÈRE

La Renaissance et la comédie italienne. — « La comédie, chez nous, aurait pu se passer de la Renaissance, et on conçoit Molière succédant directement à l'auteur de *Pathelin*. » Lorsqu'il écrivait cette phrase dans une savante monographie (1), M. Léon Clédat s'est laissé manifestement égarer par son amour du moyen âge. En effet, qu'avons nous pu louer dans les sotties, les moralités ou les farces ?... La grosse gaieté, les inventions drôles et quelques esquisses de caractères. Mais on y chercherait vainement la science de l'intrigue et l'art d'incarner dans un type immortel un ridicule ou une passion. Pour composer l'*Étourdi*, les *Précieuses* et l'*Avare*, Molière, malgré son génie, avait besoin d'autres maîtres que les auteurs du *Cuvier* et de *Pathelin*. Et si nous saluons en lui le rival heureux d'un Aristophane, d'un Plaute et d'un Shakespeare, n'est-ce point un peu parce qu'il eut des précurseurs utiles, depuis le règne de Louis XI jusqu'à l'avènement de Louis XIV ?

(1) Léon Clédat : *Rutebeuf* (Hachette).

En Italie, au xve siècle, était né ce qu'on appela l'humanisme. Sur les traces de Pétrarque et de Boccace, d'intrépides érudits se précipitèrent à la recherche des manuscrits antiques, dans les greniers humides des abbayes, dans les « ergastules gaulois et germains ». Un jour, le Pogge découvrit en Allemagne douze pièces, absolument complètes, du vieux Plaute; l'imprimerie ne tarda point à répandre toutes ces richesses qu'on exhumait; et la véritable Comédie sortit enfin de son tombeau.

Il lui fallut, d'ailleurs, chez nous, beaucoup de temps pour triompher de l'ancien théâtre. Les hardis poètes de la Pléiade songèrent bien à renouveler la scène, comme ils avaient déjà fait pour la poésie lyrique et l'épopée. Mais ils dirigèrent surtout leurs efforts du côté du genre tragique et ils négligèrent un peu la comédie. Quelques-uns cependant l'abordèrent, en manifestant bien haut leur intention de rompre avec la tradition du moyen âge. Dans la préface de l'*Eugène*, Jodelle raille les moralités (1). En tête de la *Trésorière*, Jacques Grévin nous fait cette déclaration: « Je me contente de donner aux Français la comédie en telle pureté qu'autrefois l'ont baillée Aristophane aux Grecs, Plaute et Térence aux Romains. » Enfin, Jean de la Taille présentait ainsi les *Corrivaux* au public : « Oui ! une comédie, pour cer-

---

(1)   Le style est nôtre, et chacun personnage
Se dit aussi être de ce langage;
Sans que brouillant avecques nos farceurs
Le saint ruisseau de nos plus saintes sœurs,
On moralise un Conseil, un Écrit,
Un Temps, un Tout, une Chair, un Esprit,
Et tel fatras, dont maint et maint folâtre,
Fait bien souvent l'honneur de son théâtre.

tain, vous y verrez ; non point une farce ni une moralité ; nous ne nous amusons point en chose ni si basse, ni si sotte, et qui ne montre qu'une pure ignorance de nos vieux Français ; mais une comédie faite au patron, à la mode et au portrait des anciens Grecs et Latins. » Il est fâcheux que les essais n'aient point répondu aux intentions des auteurs. L'*Eugène* de Jodelle et la **Reconnue** de Remi Belleau sont évidemment des pièces en cinq actes et l'intrigue en est assez compliquée. Mais au fond, nous n'avons là que des farces, où l'on nous raconte quelques histoires scandaleuses, avec une extrême licence de langage et sans abandonner le rythme adopté dans le *Pathelin*. Incapables de se dégager de l'influence purement gauloise, nos poètes auraient tâtonné longtemps encore, s'ils n'avaient pas eu des maîtres qui leur apprirent par leurs imitations à adapter Plaute et Térence. Ces instituteurs des dramaturges modernes furent naturellement les Italiens.

La vogue du théâtre était grande, en effet, depuis le XIVe siècle, au delà des Alpes. Dans les petites villes, comme dans les cités opulentes, on bâtissait des salles de spectacle, et, souvent, elles furent décorées par des peintres célèbres ou ornées de merveilleux objets d'art. Aussi, l'on vit surgir un peu partout des auteurs comiques : Grazzini, Ludovico Dolce, Razzi, Pasqualizo, Nicolas Bonaparte, et Cecchi qui fut marchand drapier à Florence, et Lorenzino de Médicis qui fut prince, et cent autres qu'on se saurait nommer ici. Tous, d'ailleurs, se ressemblent étrangement, car tous imitent la comédie romaine par des procédés identiques. C'est, dans leurs œuvres, l'éternelle histoire des amoureux réunis, malgré un père qu'on trompe ou un vieillard qu'on bafoue, grâce à un parasite ou un domestique rusé. Bien loin de nier cette imitation, ils la proclamaient hautement. « Je n'écris rien sans que Plaute paie son écot », disait Cecchi ; et Bibienna répondait aux critiques qui l'accusaient d'être un plagiaire : « Allez chez Plaute ! Vous verrez qu'il ne lui manque rien : je ne lui ai donc rien volé ! » Hâtons-nous d'ajouter que dans ces cadres antiques les Italiens surent se montrer originaux. Ils renouvelèrent par des détails de mœurs contemporaines les aventures du temps passé. Ils introduisirent des types nouveaux : le pédant, la femme d'intrigue, le sorcier. Ils empruntèrent à la *comedia del arte*, sorte de farce populaire où l'improvisation se donnait libre cours, les déguisements, les méprises, les reconnaissances. Et, avec ce mélange de comédie classique, de parade italienne, d'observation personnelle, la comédie moderne se constitua.

Larivey. — Comment le Docteur, le Léandre et l'Isabelle firent-ils invasion dans la littérature française avec les écornifleurs et les tranche-montagnes à leur suite ?... D'abord, les acteurs italiens passèrent fréquemment les Alpes après 1548 ; et, malgré les Confrères de la Passion (1), malgré l'interdiction du Parlement, des artistes comme Isabella Andreini et le fameux Arlequin nous

(1) Ils avaient seuls le droit de donner à Paris des représentations dramatiques et ils défendaient jalousement ce privilège.

initièrent aux joyeuses comédies des Florentins ou des Siennois. Mais, cependant, l'honneur d'avoir donné chez nous droit de cité à Plaute et à Térence, qui se présentaient sous la livrée italienne, revient sans conteste à un habile traducteur, à l'excellent Pierre Larivey.

Né dans la malicieuse Champagne, il descendait de célèbres imprimeurs florentins (1) et il exerça les fonctions de chanoine à la cathédrale de Troyes. On peut s'étonner qu'il fut prêtre; car ses comédies sont licencieuses et Bossuet, si cruel pour Molière, en aurait été fort scandalisé. Mais faut-il rappeler qu'au XVIe siècle la tolérance était extrême et qu'un pape assistait sans embarras aux représentations de la *Calandria* ou de la *Mandragore*, « ces drôleries consacrées par les Grecs et les Latins (2) » ?

Publiées en deux recueils différents (3), ses comédies sont des adaptations de certaines pièces italiennes. Il conserve fidèlement l'intrigue; mais il condense l'action, supprime ou restreint les rôles de femmes, transporte tout dans un décor français, et sème à pleines mains dans le dialogue proverbes gaulois ou expressions nationales (4). C'est encore peu

---

(1) Son nom de Larivey serait la traduction du nom italien *Il Giunto* (participe passé du verbe *giungere*, arriver).

(2) Parole du jésuite italien Bellinelli. — La *Calandria* fut écrite par un prélat et la *Mandragore* est l'œuvre de Machiavel.

(3) Le premier qui contenait six comédies, parut en 1580; le second, où il y en avait trois nouvelles, fut publié en 1611. Voici les titres, avec les noms des comiques italiens dont elles sont imitées: la *Veuve* (Nicolas Bonaparte), les *Esprits* (Lorenzino de Médicis), le *Laquais* (Dolce), le *Morfondu* (Grazzini), le *Jaloux* (Gabbiani), les *Escolliers* et la *Constance* (Razzi), le *Fidèle* (Pasqualizo), les *Tromperies* (Cecchi).

(4) Par exemple: « quand elle mourut » : *quand elle eut de la terre sur le bec*; « sinon, taisez-vous! » : *sinon, torchez votre bouche.*

de chose, mais nous sommes sur la bonne voie; et voilà ce qui constitue l'intérêt de ses comédies, dont les *Esprits* nous donnent une idée fort exacte.

Le vieux Séverin est certainement le plus ladre de tous les bourgeois, et cette avarice fait le désespoir de sa famille. Fortuné, un de ses enfants, a eu le bonheur d'être adopté par l'oncle Hilaire, excellent vieillard qui croit à la vertu souveraine de l'indulgence dans l'éducation. Mais le malheureux Urbain et la pauvre Laurence doivent vivre à la campagne sous la surveillance rigoureuse de leur père; et ils craignent bien de ne jamais épouser Féliciane ou Désiré qu'ils aiment, car Séverin exige une dot de son futur gendre et de sa bru.

Bientôt, un hasard providentiel fait que Séverin part en voyage, et voilà toute la famille débarrassée de son tyran. On rit, on chante, on festoie, et tout allait le mieux du monde, lorsque notre avare survient à l'improviste! Pour l'empêcher d'entrer au logis et de surprendre ses enfants, le valet Frontin persuade au bonhomme que sa demeure est occupée par des esprits. L'intervention d'un sorcier est donc nécessaire; et, en attendant qu'il puisse la mettre dans sa cachette habituelle, Séverin enfouit sa bourse au pied d'un arbre. Naturellement, Désiré, l'amoureux de Laurence, rôdait par là: il dérobe l'argent du grippe-sou, et celui-ci, après la scène de sorcellerie, ne peut que se lamenter, quand il constate le larcin.

On ne sait comment se terminerait l'aventure si le sage Hilaire n'intervenait. Il arrange l'union de Désiré et de Laurence; d'Urbain et de Féliciane, qui est reconnue pour une fille de bonne maison; de Fortuné et d'Apolline, que le jeune homme aimait en secret depuis longtemps. Le cupide Séverin consent à ces trois mariages et pour cause : on lui restitue ses chers écus, et, le jour où se feront les noces, il n'aura rien à débourser !

Tels sont les **Esprits**, imités de l'*Aridosio* où Lorenzino de Médicis avait fondu par « contamination, » les *Adelphes* de Térence avec l'*Aululaire* et le *Revenant* de Plaute. En choisissant cette pièce italienne pour la traduire, Pierre Larivey indiquait nettement ses préférences. Trois intrigues amoureuses s'enchevêtrent dans les *Esprits*; une reconnaissance se produit au dernier acte entre le seigneur Gérard et sa fille Féliciane; une méprise a lieu quand Séverin, entendant parler de la jeune femme retrouvée par son père, s'imagine que c'est de sa bourse dérobée qu'il s'agit. Rien ne fait défaut, comme on voit ; et cette comédie nous montre assez les actions qu'on aimait alors sur le théâtre.

Nous reprocherons à Larivey de n'avoir point développé, autant qu'elle le méritait, la thèse morale. Faut-il élever les enfants avec indulgence? Faut-il, au contraire, les traiter avec rigueur? C'est une question que Térence avait ingénieusement discutée dans les *Adelphes*, et que Lorenzino de Médecis soulevait, sans s'y attarder longuement, dans l'*Aridosio*. Pierre Larivey eut tort de ne point l'écarter ou de ne point la traiter à fond : il est maladroit, en effet, d'attirer l'attention des spectateurs sur un tel problème et de ne lui consacrer qu'une ou deux scènes. Mais la morale, quoiqu'il puisse dire dans certaines préfaces, était le moindre souci de notre Champenois. Il ne recule pas devant les expressions grossières; il aime les plaisanteries scatologiques; il insiste complaisamment sur les situations étranges ou scabreuses. La gaillardise gauloise s'allie dans ses œuvres à l'immoralité italienne; et, pour examiner quelque question sérieuse de pédagogie ou de morale, il manquait certainement d'autorité.

Ici, comme dans la farce de *Maître Pathelin*, c'est encore l'étude des caractères qui mérite surtout l'attention. Il y a là un progrès réel et tangible. Les rôles de femmes demeurent très secondaires, et on ne voit point paraître les jeunes filles sur la scène. Ne nous en plaignons point! Ce théâtre du xvie siècle, même dans les pièces les moins immorales, est tellement libre qu'il faut se féliciter qu'Appolline, Laurence et Féliciane ne sortent pas de la coulisse. Mais les caractères d'hommes sont intéressants. Quel aimable vieillard que cet Hilaire avec sa souriante indulgence! Et comment, d'autre part, ne point excuser beaucoup Urbain, si rude, mais si passionné; Fortuné, si respectueux et si doux! Dans un coin du tableau, on aime à apercevoir le visage futé de Frontin, le valet matois et sans scrupules, l'ancêtre de Mascarille, de Scapin et de la Flèche, le plaisant inventeur de la comédie des esprits. Mais le personnage principal, celui dont Larivey aurait fait un type s'il avait eu le génie de Molière, c'est le bonhomme Séverin. Petit-fils de l'Euclion latin, grand-père de l'Harpagon français, il peut bien un instant avoir peur des fantômes ou des diables, parce que l'intrigue l'exige : rien de si pratique, toutefois, que « ce vieux taquin » (1)!

(1) Ainsi l'appelle Desiré, son futur gendre. Le mot *taquin* était alors synonyme d'*avare*.

Sa ladrerie mériterait de devenir proverbiale : il sait le compte exact des bûches qu'il a dans sa cave, et, quand il invite Maître Josse, c'est pour manger « un beau petit morceau de lard, jaune comme fil d'or », avec une demi-douzaine de châtaignes » et les débris d'un pigeon, dont la fouine vorace déroba les membres les plus délicats. Comme le dit son frère avec beaucoup de justesse, l'avarice de Séverin est « sanglante ». Peu lui importent ses enfants pourvu que sa bourse soit en sûreté! Écoutez-le quand il la cache au pied d'un arbre : « Mon petit trou, mon mignon, je me recommande à toi! Or, sus! au nom de Dieu et de saint Antoine de Padoue, *in manus tuas, Domine, commendo spiritum meum* ». Et, lorsqu'il a retrouvé vide celle qu'il appelle « m'amour », combien ses plaintes sont vives et émouvantes :

> Je ne sais où je suis, que je fais, ni où je vas. Hélas! mes amis, je me recommande à vous tous! secourez-moi, je vous prie! je suis mort! je suis perdu! Enseignez-moi qui m'a dérobé mon âme, ma vie, mon cœur et toute mon espérance! Que n'ai-je un licol pour me pendre, car j'aime mieux mourir que vivre ainsi... Vrai Dieu! qui est ce cruel qui tout à un coup m'a ravi mes biens, mon honneur, et ma vie? A quoi veux-je plus vivre, puisque j'ai perdu mes écus que j'avais si soigneusement amassés, et que j'aimais et tenais plus chers que mes propres yeux!

Voilà un type d'avare déjà bien dessiné, et on comprend que Molière n'ait point oublié Séverin, lui qui prenait « son bien » partout où il le rencontrait. Harpagon est fort supérieur à son ancêtre; mais comparez-les minutieusement, et vous serez frappés de saisir dans leurs physionomies un air indiscutable de parenté.

Avec les comédies de Larivey, où l'action était si touffue et le style si naturel, quelque chose de nouveau apparaît dans l'histoire de notre théâtre. C'est le plaisir qui naît d'une intrigue compliquée; c'est le besoin de retrouver dans une pièce certains types consacrés : le jeune premier, le bravache ou le valet; c'est surtout l'amour de cette comédie italienne qui attire vers elle nos meilleurs auteurs comiques, un Molière, un Lesage, un Regnard; comme s'ils avaient la nostalgie de cette contrée riante où, sous un ciel ensoleillé, résonnait le gros rire des Latins, nos ancêtres, aux parades géniales de Plaute, avant que les Italiens, nos frères, saluassent Pantalon ou le Docteur de leurs bravos et de leurs cris joyeux.

Les prédécesseurs de Corneille. — La comédie demeure, pendant plus d'un demi-siècle, telle que l'avait constituée Pierre Larivey. Seulement, à l'imitation des pièces italiennes vient s'ajouter presque aussitôt celle du théâtre espagnol; et ce sont quelques contemporains du chanoine de Troyes qui donnent l'exemple.

En 1584, Pierre du Ravel publie les *Contents*, l'œuvre de l'avocat Odet de Turnèbe, que la fièvre chaude avait ravi au monde des lettres quelque trois années auparavant. Dans cette comédie en prose, le fils du célèbre humaniste s'inspirait de différentes pièces étrangères et notamment de la *Celestina* de Rojas. Mais son adaptation, pleine d'indépendance et de naturel, a toute la valeur d'une œuvre originale. Bien qu'elle n'ait été représentée que de nos jours sur le théâtre de l'Odéon, elle jouit longtemps d'une réputation considérable; et, en 1626, un éditeur disait en parlant de Turnèbe : « Son discours coulant, ses naïves conceptions et ses heureuses rencontres le portent au-dessus du commun, et témoignent assez que tant s'en faut qu'il ait imité les autres, lui-même se rend inimitable. » Le panégyriste des *Contents* ne mentionne point le mérite moral de cette comédie, et pour cause. Pas plus que Larivey, Odet de Turnèbe ne connaît la discrétion et la décence.

C'est, d'ailleurs, le défaut qu'on relève dans la plupart des productions de la muse comique à cette époque : les *Escoliers* de François Perrin; les *Déguisés* de Godard; les *Neapolitaines* de François d'Amboise, où l'auteur dessina un type amusant « d'écornifleur », Maître Gaster, et personnifia dans le ridicule Don Dieghos la galanterie, la vantardise et la gueuserie castillanes. Pendant longtemps, il y a disette de bonnes pièces, et Alexandre Hardy, qui fit tant pour le genre sérieux, délaissa vraiment trop la comédie. Faut-il mentionner la *Comédie des Proverbes*, cet ennuyeux amas de deux milles dictons cousus ensemble, sinon pour regretter que le petit-fils de Monluc ait gaspillé son temps à de pareilles niaiseries?... Doit-on rappeler les *Galanteries du duc d'Ossone* par Mairet, à moins que ce ne soit pour en blâmer vertement la foncière immoralité?... L'historien de l'art dramatique trouve évidemment son compte dans ces pièces; car, d'après elles, on pourrait peindre une riche galerie des types conventionnels qui charmaient tant nos ancêtres : la nourrice cynique, le parasite vorace, le matamore tonitruant, le pédant « barbouillé de grec et de latin ». Mais, dans une brève étude du genre, il est impossible de s'attarder à ces imitateurs de l'Espagne et de l'Italie. « Le soleil est levé... Disparaissez, étoiles ! » s'écria un jour Scudéry. L'emphatique auteur de l'*Alaric* ne croyait point si bien dire. En 1629, un jeune poète aborda victorieusement la scène; et, avant de devenir le Père de la tragédie, il ramena la comédie française vers le respect des convenances et l'observation des mœurs nationales.

Pierre Corneille. — Le nouvel auteur s'appelait Pierre Corneille, et, chaque fois que l'on prononce ce nom glorieux, on se représente un homme grave et sévère, développant avec génie dans le *Cid*, *Horace* ou *Polyeucte* des cas de conscience angoissants. Mais, lors de ses débuts, il était tout autre; et celui qui devait faire parler le vieil Horace fut longtemps un mondain et un bel esprit.

Après avoir quitté le collège des Jésuites, où notre écolier courtisait les Muses en cachette, il devint avocat près de la table de marbre au Parlement de Rouen. Le Code toutefois n'est point l'adversaire irréductible de la poésie galante ; et, comme Dorante, son héros, Corneille brilla devant les belles dames, dans les salons de Normandie, après avoir compulsé les œuvres pesantes d'un

Barthole ou d'un Alciat. C'était donc un agréable cavalier, rimant des madrigaux selon le goût du jour, et fort à la mode près des jolies provinciales. On s'en souvint, plus tard, à l'Hôtel de Rambouillet, quand on lui demanda de cueillir quelques fleurs pour la *Guirlande de Julie.*

Au milieu de cette existence mondaine, l'Amour vint le surprendre et fit de lui un auteur dramatique. Pierre Corneille s'éprit d'une jeune Rouennaise, Mlle Catherine Hue, qui devait être un pour la femme du conseiller Thomas du Pont. Il écrivit pour elle un sonnet amoureux; et il conçut le dessein d'insérer ces quelques vers galants dans une pièce de théâtre où il raconterait, en l'embellissant beaucoup, une aventure de jeunesse. Ce fut l'origine de **Mélite** ou *des fausses lettres.* Mondory était alors en Normandie; il eut connaissance de cette comédie qui le charma; il la demanda au poète pour la représenter à Paris pendant la saison d'hiver. Et le succès fut si éclatant qu'il permit à une nouvelle troupe de s'établir enfin dans la capitale, en face de l'hôtel de Bourgogne, sur le théâtre du Marais.

Un tel triomphe était de nature à encourager le jeune auteur. Avec l'appui du duc de Longueville et de M. de Liancour, il continua. Entre 1629 et 1636, il fit jouer **Clitandre** ou *l'Innocence délivrée;* la **Veuve** ou le *Traître puni;* la **Galerie du Palais** ou *l'Amie rivale;* la **Suivante;** la **Place Royale** ou *l'Amoureux extravagant;* **l'Illusion comique.** Plus tard, revenant aux essais de sa jeunesse, il devait écrire le **Menteur,** cette pièce charmante, et la **Suite du Menteur,** que

Voltaire préférait à son aînée. Mais, dès 1633, la réputation de Pierre Corneille était grande; et, tout heureux des compliments rimés qu'adressaient vingt-cinq de ses confrères à la *Veuve*, tout fier d'avoir vu le roi applaudir ses premières œuvres aux eaux de Forges, il n'ambitionnait que la gloire d'être en France le réformateur de la comédie.

D'où venait au poète de Rouen cette extraordinaire faveur ?... Elle résultait tout d'abord un peu — il faut bien l'avouer — de ses défauts. On aimait alors la simplification dans l'intrigue : Corneille donna des actions touffues où s'entremêlent plusieurs histoires d'amour; il bâtit la *Suivante* sur un quiproquo; et son *Clitandre*, dont la « constitution » est « si désordonnée », passa longtemps pour une énigme indéchiffrable. On adorait le romanesque et la préciosité : il multiplia les incidents peu vraisemblables (1), ne se garda point de l'emphase, et se permit trop souvent des « concetti » de très mauvais goût (2). Enfin, il conserva, tout au moins dans les premiers temps, certains types aimés du public; et

---

(1) Par exemple la folie subite, mais passagère, d'Éraste dans *Mélite*, et toutes les merveilleuses aventures qui se passent dans la forêt, au cours du *Clitandre*.
(2) Voir notamment *Clitandre* (acte IV, scène 2) lorsque Dorise a crevé l'œil de Pymante avec une aiguille à cheveux :

> O toi qui, secondant son courage inhumain,
> Loin d'orner ses cheveux, déshonores sa main,
> Exécrable instrument de sa brutale rage,
> Tu devais pour le moins respecter son image;
> Ce portrait accompli d'un chef-d'œuvre des cieux,
> Imprimé dans mon cœur, exprimé dans mes yeux,
> Quoique le commandât une âme si cruelle,
> Devait être adoré de ta pointe rebelle.

nous voudrions qu'il eût chassé plus tôt du théâtre la répugnante nourrice, qui souille encore *Mélite* et la *Veuve*!

Mais, si de pareils défauts purent contribuer au succès, ce sont des qualités nouvelles qui assurèrent la réputation durable de Corneille. D'abord, il ramena sur les planches la décence, dont on avait perdu le souvenir. Dans *Mélite* et dans *Clitandre*, il y a bien encore certaines plaisanteries libres et quelques situations un peu risquées (1). C'était l'héritage du xvie siècle, et le poète s'empressa de le renier. Préoccupé de satisfaire « les honnêtes gens », il écarta toute idée fâcheuse, toute grossièreté dont on pourrait rougir ; et les dames les plus scrupuleuses vinrent écouter la *Suivante*, sans craindre les dégoûtantes gauloiseries qui soulevaient le rire du parterre. D'un autre côté, Pierre Corneille sut agrémenter ses comédies de ces détails contemporains qu'aimèrent toujours beaucoup les Français. Au lieu d'être transporté dans quelque vague Espagne ou quelque nuageuse Italie, on fut heureux de se trouver Place Royale ; d'assister aux petits manèges ou aux discussions des marchands qui peuplaient la galerie du Palais de justice ; et de voir, sous les beaux arbres du jardin des Tuileries, les élégants cavaliers faire la roue devant les jolies Parisiennes (2). Les détracteurs du poète insinuèrent méchamment qu'il prendrait bientôt pour

---

(1) Il fit des modifications importantes dans l'édition, demeurée classique, de 1660.
(2) *Galerie du Palais*, acte I, scènes 4 à 8; acte IV, scènes 12 et suivantes: le *Menteur*, acte I.

décor « le cimetière Saint-Jean, la Samaritaine ou la Place aux Veaux ». Il laissa dire ; et il rendit à la comédie le grand service de continuer à développer ses intrigues dans un milieu purement français. Ajoutons qu'il mit sur le théâtre non plus les jeunes premiers insignifiants ou cyniques du xvie siècle, non plus les poupées italiennes ou les hardies demoiselles de Larivey, mais les jeunes fats amoureux et les aimables filles du règne de Louis XIII. Tout ce petit monde s'analyse, coquette, parle d'amour ; et, parfois, chez le grand Corneille, on surprend l'ancêtre de Marivaux.

Faut-il aller plus loin ? Faut-il saluer en notre poète le créateur de la comédie de caractère ?.... Nous ne le croyons pas. Le *Menteur* — cette charmante pièce espagnole transposée dans un cadre français — n'est point l'étude de quelque passion absorbante, et tous les événements n'y résultent pas de la volonté d'un personnage, élevé à la hauteur d'un type. Le héros, bien loin de mener l'action, est à la merci du moindre incident. Ses mensonges ne sont nuisibles qu'à lui-même, et nous apparaissent comme les hâbleries d'un godelureau qui se vante, qui parade devant la galerie, qui serait « un grand maître à faire des romans ». Ainsi que son descendant Tartarin, il est le « galéjaïre », le vantard : il n'est point le *Menteur* que Molière nous aurait montré dirigeant l'intrigue et faisant le mal (1).

Corneille n'a donc point créé la comédie de caractère ; mais il a ramené le genre vers plus de

---

(1) Voir l'étude sur le *Menteur* dans notre volume *Auteurs Français* (librairie Paul Delaplane).

décence et de vérité contemporaine : il a commencé à décrire les tendres sentiments du cœur ; il a trouvé pour tout cela un style élégant, souple, passionné. Et de là vient le charme de ces fines comédies qui nous plaisent encore aujourd'hui par leur délicatesse, leur fraîcheur, leur jeunesse ; par ce qu'elles ont, en un mot, de cavalier.

Les successeurs de Corneille. — L'influence immédiate des comédies de Pierre Corneille fut assez médiocre. On lui prit seulement ces détails contemporains, par lesquels il avait charmé le public ; et, à son exemple, Scudéry, Discret, Claude de l'Estoile peignirent en des milieux parisiens le monde du théâtre, les petites gens de la capitale, les audacieux filous qui pullulaient sur le Pont-Neuf (1). Mais ils n'imitèrent point son respect de la décence ; et, au lieu d'inventer des sujets comme il le fit jusqu'à l'*Illusion comique*, tous se contentèrent paresseusement de copier les auteurs antiques ou les dramaturges espagnols.

Dans cette foule d'écrivains plus ou moins estimables, Jean Rotrou est le premier nom illustre qu'il faille retenir. Ce cadet de Normandie, qui « vécut comme un galant homme et mourut comme un héros » (2), avait un penchant décidé pour le genre tragique : aussi, les treize comédies

---

(1) La *Comédie des Comédiens*; *Alison*; *l'Intrigue des filous*.
(2) Jules Janin. — Rotrou naquit à Dreux en 1609. Après une existence assez aventureuse, où il connut la misère et les besognes serviles, le poète devint lieutenant civil dans sa patrie. C'est là qu'il mourut en faisant son devoir, lors d'une épidémie, en 1650. — Ses principales comédies, outre celles que nous citons dans le texte, sont la *Bague de l'oubli*, la *Belle Alfrède*, la *Célimène*, *Clorinde*, *Célie* et *Florimonde*.

qu'il nous a laissées ont-elles toujours quelque chose d'un peu sérieux, et le comique y est de courte haleine. On lit cependant avec plaisir les **Ménechmes**, les **Captifs** et les **Sosies**, qu'il imita de Plaute, qu'il avait choisis parce que rien n'y est trop bouffon, et qu'il traita en supprimant ce qui lui paraissait encore d'un goût douteux. Mais son chef-d'œuvre reste, malgré tout, cette comédie de la **Sœur**, jouée pour la première fois en 1615, où le jeune Lélie tâche avec l'aide d'un rusé valet de faire passer pour sa sœur, perdue dès l'adolescence, une captive qu'il acheta chez les Turcs. Peut-être cette pièce réussirait-elle aujourd'hui sur le théâtre, grâce à son mouvement et à la gaieté de certaines situations, si sa complication extraordinaire ne déroutait point le spectateur et si l'on n'était pas choqué des enlèvements, substitutions d'enfants, reconnaissances, aventures invraisemblables qui y abondent. Elle fait néanmoins grand honneur à Rotrou, et Molière en proclama le mérite, quand il alla reprendre plusieurs fois, dans la *Sœur*, ce qu'il appelait « son propre bien » (1).

Vers la même époque à peu près que les meilleures œuvres de Rotrou, parut la comédie des **Visionnaires**, dont le succès fut très vif. Dans une intrigue plus que facile, Desmarets de Saint-Sorlin (2) avait groupé toute une société de per-

---

(1) Sans compter les ressemblances avec l'*Étourdi*, comparer avec les scènes célèbres du *Bourgeois Gentilhomme* la scène 4 de l'acte III où Horace débite au vieil Anselme des phrases qu'on qualifie de « turques ».

(2) Desmarets de Saint-Sorlin (1595-1676) écrivit des tragédies, le roman d'*Ariane*, le poème de *Clovis*. Il finit par devenir lui-même « visionnaire ».

sonnages. C'étaient Artabaze, « capitan de comédie » ; Amidor, « poète extravagant » ; Filidan, « amoureux en idée » ; Phalante, « riche imaginaire » ; Hespérie, « qui croit que chacun l'aime » ; Mélisse, « amoureuse d'Alexandre le Grand ». Ces êtres-là, bien dignes assurément d'avoir leur cellule aux Petites-Maisons, représentaient quelques ridicules de l'époque ; et, pour plaire au cardinal de Richelieu qui lui avait désigné certains de ces originaux, Desmarets les étudia avec soin. Il arriva ainsi que l'intérêt se trouva déplacé : ce n'était plus l'aventure qui préoccupait le spectateur, c'étaient les types ; et l'on s'acheminait directement vers la comédie de caractère. La preuve en est que Molière puisa plus tard à pleines mains dans les *Visionnaires* pour quelques scènes des *Précieuses ridicules*, du *Misanthrope* et des *Femmes savantes* (1). Mais l'auteur n'eut point conscience de son succès, et cette comédie ne fut dans sa carrière qu'un hasard heureux. A l'époque des *Visionnaires* et du *Menteur*, on pressentait la vérité : on n'était point assez mûr encore pour la faire triompher sur la scène. Et Desmarets s'arrêta net, après cette tentative curieuse, après cette étrange comédie où il y a de si jolis détails et où la question brûlante des trois unités est discutée avec tant de chaleur.

Bientôt, d'ailleurs, un événement se produisit qui eut des conséquences graves pour le genre comique. Les habitués de l'hôtel de Rambouillet avaient poussé jusqu'à la pruderie le respect de

---

(1) Comparer, par exemple, *Visionnaires*, acte II, sc. 2 et acte IV, sc. 6, avec tout le rôle de Bélise.

la décence; ils abusaient des nobles sentiments, et leur idéalisme hautain choquait par son exagération même. La réplique de l'esprit gaulois ne se fit pas longtemps attendre. Il alla chercher en Espagne et en Italie, chez les Berni et chez les Rojas, le burlesque « effronté » qui est la parodie éternelle et impitoyable de toutes les choses nobles et sérieuses. Il trouva un être, moralement et physiquement contrefait, qui fut trop heureux de ridiculiser la beauté. Et, à la veille de la Fronde, cette caricature de la guerre civile, Paul Scarron donna sur le théâtre la caricature de tout ce qui est grand, délicat, élevé (1).

Pour cela, il ne se mit guère en frais d'imagination. Rojas et Solorzanno n'étaient-ils point là ? et ne pouvait-on pas tirer de leurs œuvres *Jodelet maître-valet*, les *Trois Dorothées* ou *Don Japhet d'Arménie ?* Aussi l'intrigue n'est guère originale dans les comédies de Scarron. Il se borne à modifier les noms propres et à restreindre ou développer certains passages. On ne saurait franchement se tirer d'affaire à meilleur compte ! En même temps, rien de moins simple que toutes ces pièces et rien de plus romanesque aussi. Dans les *Trois Dorothées*, une histoire amoureuse se confond avec l'aventure d'un laquais souffleté, et l'intrigue secondaire est bien plus amusante que

---

(1) Paul Scarron (1610-1660) était le fils d'un conseiller au Parlement. Il prit le petit collet et devint chanoine dans la ville du Mans. Après un voyage en Italie, une maladie étrange le tortura et fit de lui « un raccourci de la misère humaine ». Outre les comédies que nous citons, il avait écrit pour le théâtre : l'*Écolier de Salamanque*, le *Prince Corsaire*, la *Fausse apparence*, le *Marquis ridicule*.

l'intrigue principale. **L'Héritier ridicule** nous montre une jeune dame se déclarant éprise, subitement et par intérêt, d'un lourdaud de cuisine, qu'on lui présente comme un grand d'Espagne et qui débite de misérables calembredaines. Joignez-y les déguisements, les méprises, les duels ! Jetez dans tout cela des pères intransigeants sur le point d'honneur ; des hidalgos batailleurs et orgueilleux ; des demoiselles intrigantes et peu bégueules ! Vous jugerez ensuite ce qu'il y a d'original dans ces pièces et ce qu'elles contiennent de vraisemblance.

Un type, cependant, mérite d'attirer et de retenir notre attention : c'est Jodelet, le *gracioso*, le personnage aimé de l'auteur ! Il fallait que Scarron eût l'âme bien basse pour tâcher de rendre sympathique un tel vilain. Goinfre terrible et « vide-bouteille » infatigable, cynique et repoussant même quand il endosse les riches habits de son maître, Jodelet nous semble l'incarnation de la couardise et de la grossièreté. Le gueux a reçu un soufflet et on l'oblige à se rendre sur le terrain ; mais il n'y va qu'après mille délibérations grotesques, et uniquement pour essuyer de nouvelles nasardes d'un adversaire, qui désespère de le voir tirer l'épée (1). C'est bien un triple vaurien que cet abrégé de tous les vices ; et l'on voit quel merveilleux parti Paul Scarron devait en tirer ! Mais, s'il utilisa ce fantoche pour railler judicieusement le jargon amoureux des précieuses et leurs métaphores alambiquées, n'est-ce point chose dé-

---

(1) Voir les *Trois Dorothées* ou *Jodelet duelliste*.

plorable que son Jodelet ose tourner en dérision le Cid de Corneille et souiller de ses doigts malpropres tout ce qu'aime et ce que vénère un homme de cœur?

Le burlesque! la parodie! il ne connaissait que cela ce nain difforme, et il éprouva une joie mauvaise à porter sur la scène le personnage de Japhet. « Japhet, c'est la folie en chausse et en pourpoint » dit un des acteurs de la pièce. Mais ce bouffon, descendant de Noé et qui épousa une princesse péruvienne de Chicuchiquizèque, est également une sorte de Don Quichotte burlesque, dont l'auteur se sert pour ridiculiser l'héroïsme. Souffre-douleur d'une bande de joyeux vivants, il prête à rire par ses prétentions au courage et cette majesté qu'il conserve au milieu des pires mésaventures. Regardez-le sur un balcon où, dépouillé de ses habits, il est lapidé par des laquais et aspergé d'eau par une duègne. Voyez-le quand il revient de combattre le taureau, qui laboura les grègues du bravache et le roula dans la poussière. Et il vous semblera entendre Scarron vous crier avec un rire sarcastique : « Ah! vous aimez les héros parfaits! Contemplez donc un peu les miens. Admirateurs des Rodrigue et des Polyeucte, voici Jodelet le couard et Don Japhet l'aliéné! »

Ce fut une revanche pour le déshérité de la vie que cette parodie éternelle; de même qu'il ressentit une grande joie de son triomphe inattendu. Tout Paris se rua aux représentations de Don Japhet; deux portiers du théâtre furent étouffés par la cohue impatiente, et la vogue de cette comédie survécut à la faillite du burlesque. Dans notre siècle, les romantiques ont vanté bien vivement Scarron ; et le *Tragaldabas* de Vacquerie, ainsi que le quatrième acte de *Ruy Blas* procèdent en droite ligne de *Don Japhet*. Nous reconnaîtrons volontiers que le prince des burlesques posséda, avec une certaine vivacité de dialogue, un réel talent de versificateur, et il ne nous coûte point d'avouer qu'il force le rire par la bizarrerie des noms propres, l'imprévu des situations, l'intensité de la plaisanterie (1). Mais c'est là du comique très inférieur et, ajoutons-le, très facile. Aussi ne saurions-nous tolérer qu'on salue en lui le maître de Molière ; et, révoltés de voir un cul-de-jatte insolent bafouer l'amour, le courage, l'honneur, nous applaudissons Boileau qui, blessé dans son bon goût et dans sa conscience d'honnête homme, osa publiquement exécuter celui qu'il appelait ce gueux, ce vil, ce « misérable » Scarron.

Malgré tous ses défauts, l'auteur de *Don Japhet* avait été un vrai poète dramatique : tout près de lui nous voyons paraître un autre homme auquel il manqua peu de chose pour prendre place au premier rang. « Pauvre Thomas ! s'écriait Boileau. Tes vers, comparés à ceux de ton frère aîné, font bien voir que tu n'es qu'un cadet de Normandie. » L'auteur de l'*Art Poétique* jugeait avec trop de sévérité son adversaire dans la querelle

---

(1) Voir *Don Japhet d'Arménie*, acte III, scène 4 (on y persuade à Japhet qu'il est sourd) et acte IV, scènes 5 à 7 (l'aventure du balcon). — Lire également les récits du bouffon et ses entretiens avec le bailli (acte I, scène 2 et acte II, scène 1). Faut-il rappeler les effets obtenus avec les noms d'Uriquis, d'Azarèque, de Zapata Pascal, de Chicuchiquizèque, de Cota Mama, de Mango Capac ?

des anciens et des modernes. A notre avis, Thomas Corneille ne mérite pas un tel dédain ; et, comme l'écrivait Destouches, il est « infiniment plus estimable qu'on ne se l'imagine ordinairement, surtout par rapport à l'invention et à la disposition des sujets ». Ce ne fut point un grand poète ; mais c'est, dans toute la force du terme, un excellent homme de théâtre (1).

Sur les bancs du collège, il obéissait déjà à une vocation impérieuse et il écrivait des tragédies latines que goûtaient fort les régents. Quand il eut quitté les pères jésuites, il se donna libre carrière, étudia l'art dramatique sous la direction de Pierre Corneille, et fit jouer en 1647 les *Engagements du hasard*. La pièce réussit merveilleusement, et notre jeune auteur obtint une réputation considérable, qui devait s'accroître sans cesse pendant plus de trente-deux ans. C'est que Corneille de l'Isle était doué d'un flair remarquable. Il n'avait point le génie de son frère aîné, mais il était infiniment plus habile ; il savait se plier avec souplesse à tous les caprices de la mode ; et, depuis ses débuts jusqu'à la *Devineresse*, il flatta les goûts du public.

On se passionnait pour les comédies espagnoles,

(1) Né à Rouen, en 1625, Thomas Corneille fut avocat et auteur dramatique comme son frère. Sa notoriété devint si grande qu'après la mort de Molière il prit la place du poète comique comme directeur de troupe, qu'on lui donna à l'Académie le fauteuil de Pierre, et qu'il fut choisi comme directeur du *Mercure galant*. Après toute une vie de travail, il mourut aveugle et pauvre en 1703. C'était une fière race que cette famille Corneille ! — Ses principales comédies furent, outre celles que nous citons dans le texte, le *Charme de la voix*, le *Galant doublé*, le *Baron d'Albikrac*, le *Feint Astrologue*, les *Dames vengées*. Il en avait composé vingt-deux.

et toute adaptation de Rojas, Solis, Cubillo, Calderon, était bien accueillie par les spectateurs parisiens : Thomas Corneille alla donc chercher en Castille certains imbroglios étranges. Partout des méprises, des déguisements, des reconnaissances, sous les balcons d'où pendent les échelles de soie ! Et on peut dire que l'auteur n'oublia dans les coulisses des théâtres de Madrid aucun des accessoires habituels. En même temps, comme les saturnales du burlesque n'étaient point encore terminées, il ne craignit point de faire des concessions à cette mode littéraire dans le *Geôlier de soi-même*, où Jodelet, malgré ses trivialités, est pris longtemps pour le prince Frédéric de Sicile, et dans le trop fameux *Bertrand de Cigarral*, invraisemblable histoire « d'un fort brave jeune homme âgé de soixante ans ». Scarron dut regretter amèrement de n'avoir point inventé ce répugnant personnage, « malpropre autant que douze en mine, en barbe, en linge », et disant à sa future femme qui s'étonne de lui voir les doigts couverts de boutons :

......Ce n'est rien ! Ce n'est qu'un peu de gale.
Je tâche à lui jouer pourtant d'un mauvais tour :
Je me frotte d'onguent cinq ou six fois par jour;
Il ne m'en coûte rien : moi-même, j'en sais faire.
Mais elle est à l'épreuve et comme héréditaire;
Si nous avons lignée, elle en pourra tenir :
Mon père, en mon jeune âge, eut soin de m'en fournir;
Ma mère, mon aïeul, mes oncles et mes tantes
Ont été de tout temps et *galants* et *galantes* (1).

(1) *Don Bertrand de Cigarral*, acte I, scène 2; acte II, scènes 4 et 5; acte IV, scènes 1 et 4. Faut-il rappeler dans le *Geôlier de soi-même* : « qu'on me *désenharnache* »; « Ai-je d'un assassin l'envisagement blême »; « quand un cœur est lion, j'ai l'âme léoparde *déliionnons* le vôtre.... » ?

3.

Voilà ce qui excitait les éclats de rire aux environs de 1650!... Et n'est-il point déplorable qu'un Corneille se soit mis à la suite d'un Scarron pour obtenir les applaudissements du parterre?

Il avait mieux à faire, et il le comprit. Quelques mois après *Don Bertrand de Cigarral*, il faisait représenter l'*Amour à la mode*, en 1651. Ici, revenant à l'imitation de son glorieux aîné, il prit pour cadre le jardin des Tuileries, sous les ombrages duquel bavardent ou papillonnent les soubrettes rieuses, les petits maîtres élégants et les coquettes maniérées. Au milieu de ce monde étourdi et frivole, s'agite et fait la roue Oronte, le beau gentilhomme. Cet émule du pasteur Hylas ne soupire que pour trois jolies femmes; mais, s'il y consentait, « deux mille » seraient heureuses qu'il fut leur cavalier servant. Aimer comme Céladon ou comme Rodrigue lui semble absolument ridicule : « C'est l'amour du vieux temps... Il n'est plus à la mode! » Mais, courtiser à tour de rôle « et maîtresse, et suivante, et blanche, et brune, et blonde »; babiller ou garder le silence, être enjoué ou mélancolique, rire ou pleurer suivant l'heure et suivant la dame qu'on accompagne : voilà qui est galant, et voilà se conformer à la mode!... Tout cela était observé finement, et, avant Molière ou Dancourt, Thomas Corneille sut dessiner avec esprit la silhouette de l'homme à bonnes fortunes. Sa comédie, d'ailleurs, persiflait un travers contemporain. On avait oublié pendant la Fronde les nobles préceptes de l'*Astrée*, et certains ducs donnèrent alors l'exemple au volage Oronte, tandis que maintes duchesses coquetaient comme Lucie, Dorothée ou Lisette. Et ce petit air d'actualité fit réussir l'*Amour à la mode*, de même qu'il n'avait pas nui autrefois à la *Place Royale* ou à la *Galerie du Palais*.

Thomas Corneille était sur la pente et il se laissa doucement glisser. Tout en continuant d'écrire des comédies espagnoles pour la partie du public qu'elles charmaient, il vit bien que le romanesque était fortement battu en brèche par le réalisme et il se rangea du côté des vainqueurs. Son **Berger extravagant**, imité du roman de Sorel, est la mordante caricature des « Bergeries »; en attendant qu'il montrât dans le **Festin de Pierre** — une adaptation versifiée du *Don Juan* (1) — comment il fallait faire parler les villageois au théâtre. Il alla même plus loin, et il ne craignit point de porter sur les planches le fait divers contemporain. La **Devineresse** met en scène la célèbre empoisonneuse Voisin. Écartant les crimes de cette mégère, l'auteur nous amuse en montrant les jongleries, grâce auxquelles tant d'esprits naïfs furent dupés. Mille tours de passe-passe, dignes de Robert Houdin, divertirent fort les spectateurs, en même temps qu'ils savouraient avec délices les allusions nombreuses à la triste affaire des Poisons. Mais cette audacieuse comédie nous entraîne beaucoup trop loin et il convient de rappeler qu'elle fut jouée six ans après la mort de Molière. En somme, Thomas Corneille plut au xviie siècle par son imitation des Espagnols et des burlesques, sa peinture des

(1) La comédie de *Don Juan* ne fut jouée longtemps que d'après l'adaptation de Thomas Corneille, écrite en 1677.

mœurs mondaines, sa préoccupation de l'actualité. Mais cet homme de théâtre songea trop aux contemporains et ne travailla point pour les générations futures. La postérité s'en est vengée et elle délaissa le fameux « cadet de Normandie. » Nous estimons qu'elle eut tort de le faire et que l'*Amour à la mode* ou la *Devineresse* valaient mieux que cet oubli ou ce dédain.

Voilà quel était, vers 1659, l'état du théâtre comique; et il est certain qu'au point de vue de l'intrigue et de l'étude des mœurs on avait, depuis *Maître Pathelin*, fait des progrès considérables. Mais, si on avait créé l'instrument, nul encore n'avait abordé la comédie de caractère et donné le chef-d'œuvre qui s'impose. Alors, un homme de génie se leva, et il construisit l'édifice, que les autres avaient rêvé de bâtir sans mener à bien l'entreprise.

MÉMENTO BIBLIOGRAPHIQUE : *Ancien théâtre français*, tomes V et suivants; Fournier: *Le théâtre français au xvi⁰ et au xvii⁰ siècle*; Pierre Corneille et Rotrou (édition Hémon); Scarron (édition Fournier); Thomas Corneille (édition Thierry). — Paul de Saint-Victor: *Les deux masques*; Chasles: *La comédie au xvi⁰ siècle*; Moland: *Molière et la comédie italienne*; Levallois: *Corneille inconnu*; Fournel: *Le théâtre au xvii⁰ siècle: la comédie*; Brunetière: *Les époques du théâtre français*; Morillot: *Scarron et le genre burlesque*; Reynier: *Thomas Corneille*

CHAPITRE III

MOLIÈRE

L'homme et la vocation (1). — L'évolution du genre depuis Adam de la Halle jusqu'en 1650 aboutit naturellement à Molière. Sauf Pierre Corneille, aucun de ses prédécesseurs ne s'approche de lui. Après sa mort, on ne réussit pendant de longues années qu'en suivant les traces du maître. Aujourd'hui encore, qui donc oserait s'égaler à un tel génie, et quel poète comique ne se déclare souverainement flatté quand on l'appelle « le petit-fils de Molière » ? Il est le roi de la comédie française, et c'est un titre que personne ne songe à lui disputer sérieusement.

Tout contribua, d'ailleurs, à faire de lui le grand auteur dramatique qu'il devait être. Sans prétendre même esquisser une biographie, car il faudrait examiner et réfuter trop de légendes ou d'anecdotes douteuses, nous nous bornerons à indiquer ce qui le prédisposait à écrire, non point *Jodelet duelliste* et *Don Bertrand de Cigarral*, mais le *Misanthrope*, le *Tartuffe* et les *Femmes*

---

(1) Voir des études approfondies sur les principales pièces de Molière dans notre volume *Auteurs français* (Librairie Paul Delaplane).

savantes. Son existence explique sa vocation et son théâtre.

Né le 15 janvier 1622, en plein Paris, non loin des Halles, Jean-Baptiste Poquelin appartenait à une bonne famille bourgeoise. Son père exerçait la profession de valet de chambre tapissier du roi, et il ne tenait qu'au jeune homme d'avoir la survivance de cette charge, fort recherchée au XVIIe siècle. Le « démon » qui le poussait vers la comédie triompha chez lui des sentiments bourgeois, et voici comment. Tout enfant, le futur Molière, assez abandonné à lui-même, vagabonda dans les parages du Pont-Neuf. Il assista aux farces « tabariniques »; il suivit avec intérêt les parades de l'Orviétan ; et il se glissa, lors des foires Saint-Laurent ou Saint-Germain, dans toutes les baraques où se donnaient des représentations plus ou moins théâtrales. Le goût du spectacle naissait en lui. Les études qu'il fit au collège de Clermont ne purent que fortifier ses impressions premières. Il traduisit Térence ; il lut Plaute, au moins en cachette ; et rien ne dit qu'il ne tînt pas son rôle dans les pièces, qu'écrivaient alors pour leurs élèves maints pères jésuites très distingués. Bientôt, frais émoulu du collège, il fréquenta les acteurs italiens comme Scaramouche, et il apprit d'eux à connaître le répertoire des Florentins, des Siennois, des Napolitains. Mais il manquait encore l'impulsion définitive : ce fut l'amour qui amena Jean-Baptiste Poquelin au théâtre.

Sa camarade d'enfance, Madeleine Béjart, s'étant faite comédienne, le jeune tapissier du roi abandonna tout pour monter avec elle sur les planches. On fonda « l'Illustre Théâtre » à Paris, et l'aventureux novice prit à ce moment le pseudonyme qu'il devait rendre immortel. Mais l'entreprise ne réussit point, et, sur la demande du fournisseur de chandelles, Molière connut que les dettes mènent les gens de lettres à la prison. Il sortit cependant bien vite du Châtelet, pour courir avec ses compagnons de province, sur le chariot de Thespis, et pour observer mille traits de nature, comme il fit, dit-on, à Pézenas, dans le légendaire fauteuil du barbier.

Après son retour dans la capitale et son établissement au Petit-Bourbon, faut-il rappeler des choses qui sont dans la mémoire de tous? Personne n'ignore les applaudissements enthousiastes qui accueillaient chaque pièce nouvelle et les cabales d'ennemis acharnés, calomniant la vie privée de Molière, puisque l'auteur était inattaquable. Personne n'a oublié le malheureux mariage avec Armande Béjard; les douleurs profondes de l'époux, et la maladie cruelle qui rongea cet homme, épuisé par son travail accablant de directeur, de poète, de comédien. Mais il est bon de s'en souvenir lorsqu'on veut marquer la place de Molière dans l'histoire du genre. Sans les aventures de la jeunesse, l'apprentissage fait en province et les épreuves de l'âge mûr, aurait-il été le grand comique qui dépasse de cent coudées les Larivey, les Thomas Corneille, les Scarron?... Acteur et directeur de troupe, il vit ce qui plaisait au public, et, en jouant les pièces des autres, il apprit toutes les finesses du métier. Poète en proie à une meute d'adversaires, il leur tint tête résolument, lors de chaque comédie nouvelle; il acquit beaucoup de nerf et d'éloquence dans la bataille quotidienne; et c'est peut-être aux détracteurs que son œuvre est redevable de sa haute valeur philosophique. Enfin les pérégrinations qu'il accomplit dans le Centre et le Midi de la France lui furent on ne peut plus profitables : mieux que ses prédécesseurs, confinés dans la capitale, il saisit la variété des ridicules, moins dissimulés qu'à Paris sous une espèce de vernis mondain. Et tout cela contribua certainement à former le plus admirable auteur dramatique que l'on ait vu en Europe depuis longtemps.

L'auteur dramatique. — Quand on aborde l'œuvre de Molière on est frappé à première vue, de son ampleur et de son extrême diversité. Il étudie presque toutes les classes sociales et il s'essaie dans tous les genres. Tragi-comédie, ballets et opéras, farces et pièces « à tiroir », comédies d'intrigue, de mœurs, de caractère, il n'est rien que n'ait tenté son génie, et il osa porter la critique littéraire sur le théâtre. Ce fut, du reste, toujours avec la même vigueur, et, la plupart du temps, avec le même succès.

Dans ce vaste ensemble, tout n'est point nouveau assurément. Molière entendit ses envieux l'accuser souvent de plagiat; et, depuis le xviie siècle, des critiques comme Tiraboschi ou Schlegel ont fait chorus avec eux (1). Il serait puéril de nier les

---

(1) Tiraboschi a écrit : « Si l'on reprenait à Molière tout ce qu'il a emprunté aux comiques italiens, les volumes de ses œuvres ne seraient pas en si grand nombre. »

nombreux emprunts que notre auteur avouait lui-même. A Plaute et à Térence il prit des intrigues tout entières : l'*Avare* et l'*Amphitryon*, l'*École des maris* et les *Fourberies de Scapin* (1). Les Italiens lui fournirent des idées de pièces, des jeux de scène et des types traditionnels : jeunes premiers, barbons ridicules, valets passés maîtres dans l'art de tromper (2). Enfin, il mit à contribution tout le monde, les auteurs comiques, les romanciers, les conteurs, Rabelais et Rotrou, Larivey et Scarron, Boisrobert et Cyrano de Bergerac (3). La tradition gauloise se résume en lui. Mais hâtons-nous d'ajouter que jamais le mot de « plagiat » ne fut plus déplacé qu'à propos de Molière.

Regardez, par exemple, l'Euclion de Plaute : c'est la caricature d'un ladre vert, dont les manies ne font de mal à personne. Prenez ensuite le Séverin de Larivey : son rôle est épisodique et il n'exerce aucune action sérieuse sur l'action. Approchez d'Harpagon ; et tout change !... D'abord, sa passion est contrariée par l'obligation où il est de mener un assez grand train de maison, et aussi par l'amour que lui inspire Marianne. Puis son avarice éclate mieux dans sa conduite vis-à-vis de ses enfants qu'il laissa grandir à

(1) La *Marmite* de Plaute et son *Amphitryon*; les *Adelphes* de Térence et son *Phormion*.
(2) Par exemple, il imita pour l'*Étourdi* : l'*Inavertito* de Barbieri ; pour le *Dépit amoureux* : l'*Intéressé* de Cecci ; pour les *Fâcheux* : *Sganarelle interrompu dans ses amours*, etc.
(3) Le *Mariage forcé* est inspiré par le III° livre du roman de Rabelais. Certaines scènes de l'*Avare* et des *Fourberies* sont imitées de la *Belle Plaideuse* de Boisrobert et du *Pédant joué* de Cyrano. Le *Médecin malgré lui* rappelle le *Vilain mire*, un fabliau du moyen âge.

l'abandon, qu'il sacrifie à la fameuse cassette, et auxquels il donne seulement des conseils immoraux avec de très mauvais exemples. Voilà l'incarnation même du vice; voilà un type; voilà un homme qui mène le drame et qui ne ressemble point du tout aux pauvres diables de la *Marmite* ou des *Esprits!* Molière procède partout de la sorte. Il développe, il complète, il rend vivant ce qui était décoloré chez les autres. Et, en imprimant sa marque personnelle sur tous les emprunts qu'il opère, on peut bien dire qu'il fait du bien d'autrui sa propriété définitive.

Cette grosse question liquidée, cherchons ce que Molière a apporté de neuf au genre comique. Comme ses prédécesseurs, il écrivit des pièces d'intrigue, l'**Étourdi**, le **Dépit amoureux**, les **Fourberies de Scapin**, où parmi les déguisements, les méprises, les reconnaissances, se donne libre carrière la féconde imagination d'un valet. Comme eux, il amusa le gros public par des farces, par **M. de Pourceaugnac** et le **Malade imaginaire**, par des plaisanteries peu raffinées sur nos infirmités physiologiques. Boileau ne lui pardonnait point cela, et il avait tort. En effet, les applaudissements des délicats ne suffisaient point à l'auteur, il lui fallait aussi les pièces blanches du parterre pour faire vivre sa troupe de comédiens. Les farces permirent d'écrire des chefs-d'œuvre... et, d'ailleurs, n'en déplaise au rigoureux Nicolas, il y a bien de la dextérité, de la verve et du talent, même dans un *Pourceaugnac*, même dans un *Scapin*.

Mais Molière était soucieux avant tout de l'observation morale et sociale. Cette préoccupation perpétuelle l'entraîna plus loin et plus haut que Larivey et que Scarron. Jusqu'alors, on prenait une situation plaisante autant que compliquée, et l'on y jetait des personnages le plus souvent grotesques par nature : un Japhet d'Arménie, un Jodelet, un Don Bertrand. Le rire naissait alors de l'imprévu des intrigues, de l'imagination folle, de la fantaisie excessive. Molière, dans ses grandes pièces, ne veut plus de cela et il renverse absolument la formule dramatique. Qu'il écrive l'*Avare*, le *Misanthrope*, le *Tartuffe*, voici sa méthode immuable. Il choisit un travers ou un vice ; il l'incarne dans un personnage ; il crée ce qu'on appelle un « caractère » ou un « type ». Puis plaçant l'être ainsi enfanté dans un milieu bien choisi, il le fait parler, il le fait agir ; et toutes les péripéties de l'action, tout le sort des autres acteurs du drame, toute la pièce en un mot, résultent de ses paroles ou de ses actes. Le jour où Molière découvrit cette formule nouvelle, il inventa la comédie de caractère et il révolutionna véritablement le genre. Dès lors, on ne présenta plus au spectateur une énigme qu'il s'agissait de résoudre, on lui mit sous les yeux comme une sorte de déduction psychologique et l'analyse minutieuse d'un ridicule, d'une passion ou d'un vice, qui provoquait logiquement une crise impossible à éviter. De là, naturellement, une intrigue fortement nouée mais très simple ; de là, ces expositions magistrales, qui ne redoutent point la comparaison avec celles d'*Andromaque* et de *Britannicus* (1) ; de là, ce

---

(1) Voir les premiers actes du *Misanthrope*, de l'*Avare*, du *Tartuffe* et des *Femmes savantes*.

comique, irrésistible et éternel! Qu'on ne cherche point ailleurs la supériorité de Molière : c'est en cela qu'elle réside! Les autres, dans des aventures confuses et vite oubliées, faisaient s'agiter quelques marionnettes à la physionomie indécise ou burlesque. L'auteur du *Misanthrope* s'est imposé comme loi de ne jeter sur la scène que des hommes véritables; il a créé toute une légion de héros, dont le nom prononcé évoque la figure bien vivante; et, s'il domine la foule des poètes comiques, c'est qu'il fut, dans la force du terme, l'observateur et le peintre de l'Humanité.

Qu'importent désormais les critiques de détail, qu'on adressa trop longtemps à cet homme de génie!... Il a mélangé, paraît-il, les deux genres, et rien n'est si profondément tragique que ses comédies les plus gaies en apparence. Et nous avouerons qu'à la réflexion *M. de Pourceaugnac*, *Georges Dandin*, *l'Avare*, peuvent présenter un fond de tristesse, comme le *Menteur* de Corneille, le *Jodelet* de Scarron et le *Joueur* de Regnard, puisqu'on nous y dépeint le vice ou le ridicule qui ne sont point en eux-mêmes des choses positivement folâtres. Mais le rire court à la surface, les situations sont fort drôles, et aucun spectateur ne mouillera son mouchoir à la représentation de l'*Avare*, comme à celle des *Deux Orphelines* ou de la *Grâce de Dieu*. Chose plus grave! — si nous en croyons un autre — Molière ne sut jamais, suivant l'expression du poète, « servir à point un dénouement bien cuit ». Et il est certain que le *Bourgeois gentilhomme*, les *Femmes savantes*, l'*Avare* et le *Tartuffe* se terminent de bien pauvre façon : Scribe et Bouchardy auraient mieux fait. Mais notre comique du xvii° siècle se souciait bien du dénoûment ! Il étudiait un caractère, et, lorsque celui-ci était posé, il finissait la pièce n'importe comment, puisqu'un caractère est immuable et qu'il faut cependant une conclusion au théâtre. Enfin, quelques critiques se sont voilé la face en lisant les comédies de Molière. « Quel jargon, s'écriait La Bruyère, et quels barbarismes ! » « Quelles phrases forcées et quel galimatias ! » répondait Fénelon. Et M. Schérer, après eux, s'est donné beaucoup de mal pour établir que Molière est « aussi mauvais écrivain qu'on peut l'être ». Ici, encore, nous accorderons que certains passages, et notamment les deux premières scènes de l'*Avare*, sont d'un style lourd et incorrect (1). Mais nous estimons qu'au théâtre quelques négligences et quelques fautes de syntaxe doivent facilement s'excuser, et nous renvoyons les délicats à l'*Étourdi*, au *Misanthrope*, au *Tartuffe*. Ils y trouveront un style vivant et robuste ; plein de verdeur, de gaieté, de bon sens ; fait pour l'action et pour la scène... Et puis, toutes ces critiques n'empêchent point que Molière sera toujours Molière, c'est-à-dire un merveilleux auteur dramatique qui créa chez nous la haute comédie !

(1) Citons, par exemple, « le poids d'une grimace où brille l'artifice » ; « un souris, chargé de douceur qui tend les bras à tout le monde », ou les vers fameux du *Tartuffe* :

Qu'est-ce que cette instance a dû vous faire entendre
Que l'intérêt qu'en vous on s'avise de prendre,
Et l'ennui qu'on aurait que ce nœud qu'on résout
Vint partager du moins un cœur que l'on veut tout ?

Le peintre de la société contemporaine. — Pour que la vérité des types qu'il mettait sur le théâtre fût moins discutée par les « habiles » de l'époque, Molière eut soin de les placer dans des milieux strictement contemporains. Il arriva ainsi qu'en étudiant le parvenu, l'hypocrite ou l'avare, il traça un intéressant tableau de la société au xviie siècle. Ce fut pour notre auteur une abondante source d'ennuis, car on fit circuler des « clefs » de ses œuvres, et on prétendit que, dans un Tartuffe, un Alceste, une Magdelon, il avait voulu caricaturer l'abbé Roquette, le duc de Montausier, Madeleine de Scudéry. Mais quoi qu'il en soit, ce fut pour nous une bonne fortune : n'avons-nous point là, en effet, le portrait fidèle de la Cour, de la Ville, de la Province, sous le règne de Louis XIV ?

Molière semble avoir gardé rancune aux provinciaux des rebuffades que lui firent subir à Pézenas et à Nantes « madame la baillive et madame l'élue ». Il éprouve une réelle sympathie pour le bon paysan naïf, crédule et facilement ébloui par le brillant gentilhomme qui, tout à l'heure, lui donnera des nasardes et lui volera sa fiancée (1). Mais il exècre le provincial prétentieux et ridicule ; il berne M. de Pourceaugnac ; il persifle la comtesse d'Escarbagnas, singeant avec maladresse les belles dames de la capitale. Et c'est évidemment le souvenir des mauvais jours passés qui lui dicte ces railleries, en même temps qu'il fait plaisir à son public ordinaire toujours enclin à se moquer de la province.

(1) *Don Juan.*

Pénétrons ensuite, derrière lui, dans une maison bourgeoise du Marais. Pour nous accueillir à la porte, nous trouverons Martine ou Nicole, Toinette ou Dorine, braves filles de la banlieue ou des quartiers ouvriers de la ville, qui, devenues cuisinières, soubrettes, demoiselles de compagnie, défendent avec dévouement et avec vigueur les intérêts de la maison. Rarement nous aurons affaire à des Claudine ou à des Lisette, dont les conseils sont pernicieux pour leurs faibles et jeunes maîtresses (1). Mais ces espèces ne sont point encore nombreuses, entre 1660 et 1673; Lesage et Dancourt nous en montreront bien d'autres spécimens, dans vingt-cinq ans.

Une fois l'antichambre traversée, Molière nous présentera aux habitants du logis. Quelques-uns seront bien risibles ou bien détestables : M. Jourdain, entiché de noblesse et commettant mille extravagances pour ressembler aux gens de qualité ; Philaminte ou Orgon sacrifiant leurs filles à de fieffés hypocrites qui ont su capter leur confiance ; Harpagon négligeant les intérêts supérieurs de sa famille et empilant dans une cassette des écus d'or. En revanche, quel plaisir de fréquenter Mme Jourdain ou Chrysale, ces personnages un peu matériels mais si pleins de bon sens; l'honnête Elmire ou la modeste Henriette; et les Cléante, les Ariste, les Clitandre, excellents esprits que le poète choisit pour être ses « raisonneurs » ! L'aimable et sympathique bourgeoisie ! et en voyant le bon sourire avec lequel Molière nous intro-

(1) *Georges Dandin*, *l'Amour médecin*, etc.

duit chez ces gens admirables, comme on sent bien qu'il est heureux et fier d'être né dans le quartier des Halles, d'une vieille famille de bourgeois parisiens !

Au sortir de la demeure de Cléante, nous passons dans la rue où habite M. Jourdain. Fuyons vite...! Voici les cuistres et les pédants de collège qui surgissent de toutes parts : ils brandissent la férule avec énergie, ils laissent échapper perpétuellement des citations d'auteurs latins, et ils débitent, dans un obscur jargon, des niaiseries grammaticales (1). Peut-être même nous soutiendront-ils, comme Pancrace, qu'il faut dire la « figure » et non point la « forme d'un chapeau »; peut-être voudront-ils nous faire admettre, comme Marfurius, que le monde extérieur n'existe pas ; et, certainement, ils nous demanderont de nous incliner devant leur éternel Aristote (2). Hâtons-nous donc, mais en prenant bien garde de nous heurter, au coin de la rue, contre un Esculape qui cherche un patient à torturer. Messieurs Tomès et Diafoirus, Purgon et Desfonandrès ne sont pas loin; et ils vous découvriraient facilement toutes sortes de maladies; car « c'est un mauvais signe quand le malade ne sent point son mal ». Alors, interviendraient les clystères; le séné, la casse, l'antimoine et autres merveilleux remèdes feraient bravement leur office; et quelque coup de lancette vous ouvrirait la « veine du front », afin que vous soyez « phlébotomisé libérale-

---

(1) Les professeurs du *Bourgeois Gentilhomme* et M. Bobinet de la *Comtesse d'Escarbagnas*.
(2) *Le mariage forcé*.

ment (1) ». La mort s'en suivrait à brève échéance ; mais qu'importe !... vous auriez la consolation d'avoir péri sans qu'on ait le moindrement forfait aux prescriptions de la Faculté.

Ce serait toutefois grand dommage, puisque vous ne connaîtriez point la noblesse, et que nous pouvons, avec Molière, nous glisser en tapinois, dans un coin des salons contemporains. Là, nous saluons quelques braves gens et nous admirons des esprits d'élite. Mais que les autres sont donc insupportables et odieux ! Près de la coquette médisante et frivole, la prude grimacière s'effarouche au moindre mot, et la femme savante pérore sur la philosophie platonicienne, après avoir écouté en se pâmant quelque impromptu « fait à loisir » (2). Un gentilhomme vous assassine par la lecture d'un sonnet ridicule et vous cite devant le tribunal des maréchaux pour refus manifeste d'admiration (3). Enfin, à côté du marquis parasite qui gruge les bourgeois vaniteux, voici Acaste et Clitandre, les beaux fils qui s'enorgueillissent de leur rhingrave, de leurs flots de rubans, de leur perruque blonde, et qui font la roue avec fatuité comme le paon, dont ils ont la grâce extérieure, mais également la prétentieuse sottise (4).

Et, quand nous avons suivi Molière, nous avons accompli la revue presque complète de la société

---

(1) Voir l'*Amour médecin*, *M. de Pourceaugnac*, le *Médecin malgré lui*, le *Malade imaginaire*.
(2) Le *Misanthrope*, les *Précieuses ridicules*, les *Femmes savantes*.
(3) Oronte du *Misanthrope*.
(4) Le *Bourgeois gentilhomme*, les *Précieuses ridicules*, le *Misanthrope*.

du temps. Les romans et les livres de morale, les mémoires et les correspondances nous en donneraient la même idée, mais avec moins de force et de couleur. Un adversaire du grand poète comique l'appelait ironiquement : « le Peintre ». Boursault ne croyait pas si bien dire ! C'est, en effet, un peintre magistral que Molière, et nous le constatons chaque jour, en voyant revivre, dans ses comédies, l'époque déjà lointaine du Roi Soleil.

Le moraliste. — Toutes ces qualités suffiraient pour recommander un homme à la mémoire des générations futures : il se trouva que, par surcroît, Molière était un intéressant moraliste.

Cette morale, il faut bien l'avouer, ne fut point admirée de tout le monde. Bourdaloue, Fénelon, Bossuet, ne lui ménagèrent point les anathèmes ou les critiques ; et, au XVIIIe siècle, J.-J. Rousseau, chez lequel l'éducation calviniste fortifiait la haine philosophique du théâtre, ne craignit point de malmener Molière à propos du *Misanthrope*, du *Bourgeois gentilhomme* et de l'*Avare*. Ces attaques souvent passionnées, nous étonnent au premier abord. Quoi de plus banal, semble-t-il, que la morale de l'*École des femmes* ou de *Georges Dandin* ? Quoi de plus ordinaire que celle des *Précieuses ridicules* ou des *Femmes savantes* ?... Mais, lorsqu'on y regarde de près, on se rend compte que tout cela n'est pas si vulgaire et si simple ; on comprend parfaitement l'hostilité des esprits religieux ; et on restitue à Molière sa vraie place dans la lignée des moralistes gaulois, à côté d'un Rabelais ou d'un Montaigne.

Sans aborder ce terrible *Tartuffe*, qu'on interprète de tant de façons différentes, résumons en quelques phrases, ce qui nous semble avoir été la « philosophie » de Molière. Pour cela, jetez un regard sur les types qu'il méprise ou qu'il exècre. Barbons amoureux d'une jeune fille de seize ans ; bourgeois qui veulent sottement s'élever au-dessus de leur condition ; marquis et gentilshommes pleins de fatuité ; prudes ou précieuses dont les manières et le langage n'ont absolument rien de raisonnable ; pédants, philosophes et médecins révoltés contre le bon sens, voilà tous ceux qu'il flagelle vigoureusement du fouet de la satire, car ils se jouent de la Nature ou ils prétendent la forcer. En revanche, quels sont les personnages pour lesquels notre grand auteur comique professe de l'estime et qu'il désirerait que nous aimions ? Leurs noms disent tout et il suffit de les prononcer pour que l'on comprenne aussitôt. C'est Agnès l'ingénue ou la charmante Henriette ; c'est tout près d'une Elmire et d'une Mme Jourdain, les Cléonte, les Ariste, les Clitandre ; ce sont toutes les joyeuses et robustes servantes, Martine et Nicole, Dorine et Toinette, dont le rude bon sens populaire plaisait à ce bourgeois de Paris. Et d'où vient l'amour qu'ils lui inspirent, sinon de ce fait qu'ils suivent fidèlement la Nature et qu'ils méritent en conséquence, d'être heureux ? *Sequere naturam !* disaient quelques philosophes antiques. « Fais ce que tu voudras ! » s'écriait plus tard M⁰ Alcofribas Nazier, qui prétendait que les gens « libères » ont, « par nature, un aiguillon les poussant à des actes vertueux. » C'était aussi l'avis de Molière ; et nous comprenons que cette doctrine ait offensé bien des esprits foncièrement chrétiens ; car cela revient à proclamer la puissance souveraine de la Nature. Mais il n'y a rien de banal dans une pareille conception ; et on peut dire qu'entre le xvie siècle et le xviiie, Molière a maintenu la tradition gauloise, dont nous n'avons point ici à discuter la valeur.

Auteur dramatique remarquable, créateur de la comédie de caractère, peintre merveilleux de la société contemporaine, l'auteur du *Misanthrope* nous semble l'incarnation même de l'esprit français, amoureux du bon sens et de la clarté. « Quel est le plus grand poète de mon siècle ? » demandait un jour Louis XIV. — « Sire, c'est Molière ! » lui répondit Boileau. Et le satirique n'exprimait là qu'une faible partie de la vérité ; car, dans l'antiquité ou dans les temps modernes, aucun auteur comique ne fut aussi complet, aussi varié, aussi humain !

MÉMENTO BIBLIOGRAPHIQUE : Loiseleur : *Points obscurs de la vie de Molière* ; Larroumet : *La Comédie de Molière* ; Fournier : *Études sur la vie et les œuvres de Molière* ; Lacroix : *Bibliographie moliéresque*. — Brunetière : *Les époques du théâtre français* ; *Études critiques*, I et IV ; Faguet : *le xviie siècle* ; Sarcey : *Molière et la comédie classique* ; Fournel : *La Comédie* ; Moland : *Molière et la comédie italienne* ; Doumic : *La querelle du Tartuffe* ; Paul de Saint-Victor : *Les deux Masques* ; Durand : *Molière* ; Petit de Julleville : *Le théâtre en France*.

CHAPITRE IV

DU *MISANTHROPE* A *MADAME ANGOT*

Contemporains et disciples de Molière. — A côté de Molière, nous rencontrons des auteurs qui lui ressemblent par certains côtés ou qui continuent sa tradition. Ils peuvent bien être ses ennemis personnels ou littéraires; mais aucun d'eux n'apportera une formule nouvelle et, pendant longtemps, on ne fera rien qui ne rappelle au spectateur le *Misanthrope*, les *Précieuses ridicules* ou les *Fourberies de Scapin*.

Au premier rang de ces poètes comiques, il nous faut placer Jean Racine. On ne s'attendait guère à trouver en si joyeuse compagnie le doux et tendre auteur de *Bérénice* et d'*Andromaque*, celui qui créa des héroïnes plaintives et touchantes, celui qui allait aux prises de voile pour pleurer. Mais ne connaître en lui que l'homme sensible serait ignorer la moitié de son caractère. Gai compère et joyeux vivant à l'époque des « diableries » avec Charles de Sévigné, Racine aimait beaucoup ce qui provoque le rire. Ses railleries, d'ailleurs, avaient un tour particulier; car il était fort susceptible, ainsi que le prouvèrent la polémique avec le vieux Corneille, les démêlés avec Molière, et le pamphlet méchant qu'il lança contre ses anciens maîtres de Port-Royal. Très vif et facilement irritable, il accablait ses adversaires d'épigrammes ironiques et mordantes. C'était une abeille attique, nous le voulons bien ; mais elle laissait souvent son aiguillon dans la plaie. Et il ne faut point s'étonner, par conséquent, que Racine ait écrit les *Plaideurs*, cette comédie pleine de fine gaieté, mais aussi de fort piquantes allusions (1).

Les *Plaideurs* naquirent d'une rancune. En 1667, l'auteur d'*Andromaque* eut le malheur de perdre un procès important « que, dit-il, ni lui, ni ses juges n'avaient jamais bien entendu ». On a vingt-quatre heures pour maudire ceux qui vous donnèrent tort. Le poète s'en souvint et se vengea en homme d'esprit. Dans de joyeuses réunions à l'auberge du Mouton Blanc, il dauba sur Messieurs du Palais, avec La Fontaine et Boileau, Chapelle et Furetière. Chacun fournit son anecdote ou son bon mot ; Racine écrivit, et c'est, pour ainsi dire, au choc des verres que furent composées les plus agréables scènes des *Plaideurs*.

La comédie est tout à fait simple et l'on peut aisément la résumer en quelques lignes. Le magistrat Perrin Dandin, entouré de plaideurs maniaques, éprouve la passion de tout juger, au point qu'il instruit le procès d'un chien qui dévora un chapon. Cependant, le jeune Léandre parvient, après quelques stratagèmes, à épouser la

---

(1) Voir dans notre volume *Auteurs Français* l'étude très complète que nous consacrons aux *Plaideurs*.

fille unique du meilleur client de son père. Voilà tout! Et, si l'on s'aperçoit bien vite que c'est une adaptation ingénieuse des *Guêpes* où le poète grec Aristophane raillait les tribunaux d'Athènes, on reconnaît également que c'est une comédie italienne, et l'on ne s'étonne point que Racine l'eût destinée tout d'abord à Scaramouche. L'intrigue nous paraît peu dramatique. Les personnages ne ressemblent aucunement à un Alceste, un Tartuffe, un Harpagon. Ce sont deux jeunes premiers très pâles, un intrigant fort ordinaire, et trois maniaques qu'on devrait interner à l'hôpital de Bicêtre. Mais la pièce qu'on représenta en novembre 1668, sur les planches de l'hôtel de Bourgogne, ne manquait toutefois point de mérite, et Molière n'a jamais écrit une meilleure comédie de mœurs.

Certes Racine se garda bien d'attaquer les institutions, comme l'avait fait autrefois Aristophane; mais, s'inspirant des hardis Gaulois, qui avaient composé le *Pathelin*, le *Pantagruel* et les *Tragiques*, il livra au rire du parterre les sots et terribles bonshommes dont le Palais de justice était rempli ! Voilà, de ce côté, les aigles du barreau, « fort ignorants » des choses utiles; gonflés d'un savoir frivole; entassant les citations juridiques, historiques, littéraires, à propos d'une belle volaille, dont un pendard de chien n'a laissé que les pattes. Et là, sous le crucifix, au fond de la salle, voyez les juges ineptes, cupides, infatués de leur profession : tandis que l'on plaide, ils digèrent les lapins de garenne fournis par un client, à moins que le bon vin dont leur fit cadeau son adversaire ne les incite à quelque agréable sommeil. Racine, il faut s'empresser de le reconnaître, fut aussi modéré que véridique dans cette aimable satire. Il aurait pu nous montrer les juges tels qu'ils étaient alors, c'est-à-dire galantins et cruels. Mais il se contenta de ridiculiser leur sottise et de flétrir leur vénalité. La Bruyère, Voltaire et Beaumarchais devaient plus tard stigmatiser les débauchés et les bourreaux.

Les *Plaideurs*, cependant, n'obtinrent aucun succès les premiers jours. Les délicats s'offusquèrent de certaines bouffonneries; le gros public ne comprit rien aux termes de chicane, non plus qu'à la satire littéraire; et les gens de robe en profitèrent pour faire échouer celui qui les malmenait si fort. Mais la pièce se releva très vite; et ce fut avec justice qu'on lui donna une place d'honneur dans l'histoire de la comédie. Merveilleusement écrite, en effet, elle contient une satire morale des plus nécessaires contre la vénalité des juges et une fine critique des Cicérons du xvii° siècle. On sent le voisinage et la collaboration de Boileau : l'auteur des *Satires* travaillant pour le théâtre n'aurait point produit autre chose. C'est, d'ailleurs, un comique pincé et piquant; et vous chercheriez en vain dans les *Plaideurs* la touche large et puissante de Molière.

Quoique brouillé avec l'auteur du *Misanthrope*, Racine n'était point son ennemi. Tous deux, ils appartenaient à la même école; et Molière, après la première représentation des *Plaideurs*, déclara bien haut que « ceux qui se moquaient de la pièce méritaient qu'on se moquât d'eux. » Mais notre grand poète n'eut pas toujours des rivaux ou des adversaires aussi bien doués et aussi sympathiques. En face de lui se dressa toute une légion d'auteurs, dont la plupart étaient médiocres, et parmi lesquels on ne voit guère à retenir, pour l'histoire, que Montfleury et Boursault.

Le premier était fils de l'acteur ventripotent, qui fut maltraité par Cyrano de Bergerac dans la lettre *Sur un gros homme* et par Molière, dans l'*Impromptu de Versailles*. Pour défendre la «bedaine» et le talent de son père, il écrivit l'**Impromptu de l'Hôtel de Condé.** C'est un pamphlet où d'assez maladroite façon et en fort méchant style, il discute certaines pièces de Molière, raille son goût malheureux pour les rôles tragiques et s'efforce de relever chez lui des barbarismes ou du galimatias. Rien, dans tout cela, ne s'élève au-dessus de l'actualité misérable et ne mérite d'attirer, par la discussion d'un problème littéraire, l'attention des générations futures. L'**École des jaloux**, la **Femme juge et partie**, la **Fille capitaine** valent certainement beaucoup mieux que cet essai de comédie aristophanesque. La marche de l'action y est vive, quelques scènes sont très amusantes; et par la couleur, par l'entrain, par le ton cavalier de quelques tirades, Montfleury annonce évidemment Regnard. Il est fâcheux qu'il y ait dans ses pièces trop de mots crus, de situations malhonnêtes, de quiproquos scabreux qui résultent des déguisements peu décents. Antoine Montfleury exploite la veine gauloise du xvie siècle, et ne pouvant égaler le *Misanthrope* ou le *Tartuffe*, il essaie de donner des pendants au *Mariage forcé*, à *Sganarelle*, ou à *Georges Dandin*.

Molière trouva à l'époque de l'*École des femmes* un autre adversaire plus intéressant que Montfleury. Ce fut Edme Boursault, secrétaire de la duchesse d'Angoulême, gazetier au joyeux babil ; ami d'un Montausier et d'un Pierre Corneille, qui l'appelait familièrement « mon fils » (1). Jusqu'en 1663, ce jeune homme n'avait écrit que des farces: le *Mort vivant*, le *Cadenas*, le *Médecin volant*. On réussit alors à lui persuader qu'il était le Lysidas de la *Critique* et on le déchaîna contre Molière. Il en résulta le **Portrait du Peintre**, un libelle faiblement versifié et où la plaisanterie reste toujours froide. Molière a cruellement puni Boursault par une terrible tirade dans l'*Impromptu de Versailles*, et le châtiment nous paraît suffisant. N'insistons pas ; et félicitons plutôt le poète d'avoir si bien reconnu tous ses torts que Boileau remplaça, dans les *Satires*, par les noms de Perrault ou de Quinault, celui de Boursault, qu'il y avait inscrit tout d'abord.

Plus tard, à Montluçon, où il avait été nommé receveur des tailles, Boursault réfléchit beaucoup, observa plus encore, et composa des comédies pleines de types curieux et de préceptes moraux. Le **Mercure galant** nous présente, en 1683, tous les originaux qui peuvent défiler dans un bureau de rédaction : inventeurs maniaques, bravaches en quête d'une réclame, procureurs fripons, parvenus désirant qu'on leur broche une généalogie,

---

(1) Boursault naquit à Mussy-sur-Seine (département de l'Aube) en 1638. Il mourut receveur des tailles, à Montluçon, en 1701.

coquins effrontés qui promettent cent louis à un journaliste pour qu'il donne « un agréable tour » à leurs pirateries financières. Nous avons donc là, on le voit, une satire sociale, un peu superficielle mais assez franche ; et il est vraiment bien regrettable que Boursault n'ait jamais su trouver un autre cadre que celui de la « pièce à tiroirs ». Les *Fables d'Ésope*, en 1690, et l'*Ésope à la cour*, onze ans plus tard, ne diffèrent point, quant à l'intrigue, de ce fameux *Mercure galant*. L'auteur y relie, par un lien très frêle, des leçons de morale et des scènes où il attaque hardiment sottises, abus et préjugés du xviie siècle. Le fabuliste grec étant le « compère » de ces copieuses *revues*, Boursault estima qu'il pouvait y insérer de nombreux apologues. Mais, après La Fontaine, il n'était plus permis d'être médiocre dans ce genre ; et nous devons avouer qu'au théâtre, on va chercher autre chose que l'audition d'une quinzaine de fables !

En revanche, combien sont intéressants les gouverneurs de province, les fabricants de généalogie, les grands seigneurs abusant de leurs droits, qu'Ésope raille ou qu'il malmène ! Mais, s'il protesta contre l'injustice et s'il essaya de rendre l'homme meilleur, Boursault ne sut point le faire d'assez dramatique façon et son théâtre reste froid. Aussi, tout en admirant la beauté de son caractère et la hauteur de ses idées, sommes-nous tentés de le bannir et de le renvoyer vers les moralistes, au milieu desquels il ne serait point déplacé ; car, sous une forme aimable, il donna des conseils bien souvent utiles et des leçons toujours généreuses !

Enfin, il est un homme qu'on a surnommé « le cadet de Molière ». Et, certes, Boileau n'aurait point souscrit à un tel jugement, lui qui déclarait à Brossette : « Depuis Molière, il n'y a point eu de bonne pièce sur le théâtre français : ce sont des pauvretés qui font pitié ». N'en déplaise au rude satirique, Regnard ne mérite point un tel mépris. S'il imite et s'il continue Molière, qui le dépasse de cent coudées, il annonce le xviiie siècle par sa fantaisie, son humeur cavalière et la vivacité de son style.

C'est pendant une période assez triste qu'il écrivit. Avec Mme de Maintenon avait commencé pour la France le règne de la dévotion outrée ; et, bientôt, les désastres succédèrent aux désastres ; on vit les étrangers sur notre territoire ; on mourut de faim dans Paris. Cependant, au milieu du deuil général, sonna toujours le rire joyeux de Regnard ! Après de longs voyages et une courte captivité dans les états barbaresques, il était revenu en France, avait acheté une charge de trésorier et dépensait gaiement avec d'aimables compères les cent mille livres de rente qu'il possédait. Élégant cavalier, sectateur de Bacchus, courtisan de la dame de pique, il ne connut point les tracas ou les douleurs qui avaient empoisonné la vie de Molière. Et s'il était « le Contemplateur » celui qui écrivit le *Misanthrope*, Regnard fut véritablement « le Ricur », heureux d'être au monde et de rimer des choses joyeuses (1).

(1) Regnard, né en 1656, mort en 1710, a laissé un très grand nombre de pièces, parmi lesquelles nous citerons : *Attendez-moi sous l'orme*, le *Joueur* (1696), le *Distrait* (1697), les *Folies Amoureuses* (1701), les *Ménechmes* (1705) et le *Légataire universel* (1708).

Chose étrange ! cet épicurien savait travailler et son œuvre est assez considérable. On y rencontre des romans ; des relations de voyages pleines de belle humeur ; des farces, où la vieille gaîté gauloise s'allie à une fantaisie toute nouvelle ; des pièces écrites pour les Italiens et le Théâtre de la Foire, avec pantomime, musique et ballets. Toutefois, c'est sur des ouvrages plus importants qu'il comptait pour se faire une réputation durable ; et il est certain que ses comédies d'intrigue sont accueillies, même à notre époque, par les applaudissements du public.

Ah ! la bonne histoire que celle des **Folies amoureuses** ! Déjà les auteurs de fabliaux, les conteurs du xviᵉ siècle et Molière lui-même nous l'avaient dite bien des fois en attendant que Beaumarchais la reprît dans le *Barbier de Séville*, et que Victor Hugo nous montrât, dans *Hernani*, la revanche terrible du barbon. C'est l'éternelle aventure d'un sot tuteur, qui, malgré les verrous et les grilles se voit ravir sa pupille par un élégant cavalier. Mais Regnard se souvint de la *Folle supposée*, une comédie italienne ; il emprunta une heureuse idée à la *Fille Capitaine*, et il sut ainsi rajeunir le thème antique. Aussi la jeune Agathe n'a-t-elle rien de commun avec sa cousine Agnès de l'*École des Femmes*. Elle n'est point une niaise ingénue, mais une fille très délurée, qui se déguise même en officier de dragons, pour échapper au méchant vieillard qu'elle exècre. Et, bien que Regnard nous entraîne en plein monde de carnaval, c'est une fort aimable chose que les *Folies amoureuses* ; car, dans une intrigue prestement conduite, nous trouvons des scènes très plaisantes et un dialogue aussi vif que spirituel.

On pourrait adresser les mêmes éloges au **Légataire universel**, où Regnard s'inspira d'une agréable nouvelle écrite en 1544 par Cadamosto de Lodi. Pendant une léthargie du vieux Géronte que l'on croit mort, son valet s'affuble des habits du bonhomme et dicte un testament avantageux pour Éraste. Le prétendu défunt se réveillant tout à coup, on voit les situations amusantes qui résultent d'une résurrection si brusque; et rien n'est drôle comme la scène où Géronte entend lire par M. Scrupule les volontés dernières qu'il affirme — et pour cause — n'avoir jamais été les siennes. Ajoutons que, si la pièce est menée avec beaucoup de verve, le caractère de Crispin nous semble vigoureusement dessiné. Ce gueux redoute évidemment la justice, avec laquelle il eut des rapports plutôt fâcheux. Mais, en dépit de ses craintes salutaires, quelle science du déguisement! quelle fécondité dans l'invention! quelle adresse à se tirer d'un mauvais pas! Mascarille, Scapin, Figaro doivent s'incliner devant cet « empereur des fourbes »; et il était un maître de la comédie d'intrigue l'homme qui sut créer un pareil valet.

Malheureusement Regnard n'avait point connu, tout d'abord, les limites de son génie comique, et il s'était avisé d'entrer en lutte avec le Molière du *Misanthrope* et de l'*Avare*. Le **Distrait**, en 1696, et le **Joueur**, l'année suivante, firent bien voir à notre audacieux qu'il se trompait. Il avait, d'ailleurs, dans le choix des sujets, commis une maladresse impardonnable. La distraction peut fournir la matière d'un gentil lever de rideau; mais Regnard eut le tort de lui consacrer cinq grands actes! Au XVIIe siècle, où la fureur du jeu fut si intense (1), il y avait moyen d'écrire quelque pièce sur les conséquences de cette passion; mais l'époque de la tragédie bourgeoise n'était pas encore venue, et notre poète dut se borner à mettre sur la scène un joueur qui ne fait ni pleurer, ni sourire. Décidément, il n'avait point la vocation; et il abandonna très vite la comédie de caractère.

Nous lui reprocherons encore d'avoir imité trop directement, dans ses pièces, Racine, Molière et Boileau (2). Nous regretterons que la plupart du temps il nous ait présenté avec une indulgence sceptique des personnages peu recommandables. Mais il a commencé à peindre certaines classes nouvelles de la société; il nous charme par son esprit, tout comme un Lesage ou un Voltaire; et bien des poètes modernes se sont ingéniés à reproduire sa manière souple, vive et gracieuse.

En somme, Regnard fut un auteur comique auquel il manqua peu de chose pour se placer au premier rang. Il n'a guère connu les épreuves sérieuses; il était riche, et, avec de joyeux

(1) Voir, à cet égard: *Pages choisies de M*[me] *de Sévigné*, par MM. R. Doumic et L. Levrault, pages 271 et suivantes (Colin, éditeur).

(2) Dans le *Joueur*, par exemple, il y a partout des ressouvenirs du *Don Juan*, du *Misanthrope*, de l'*Avare*, des *Femmes savantes*, tant au point de vue des caractères que des situations. Certains hémistiches sont littéralement copiés par Regnard. On remarquera aussi que le *Légataire universel* est un composé des *Fourberies de Scapin*, du *Malade imaginaire* et de *M. de Pourceaugnac*.

amis, il buvait des vins généreux, à Grillon, dans sa maison de campagne, sous les berceaux où pendaient les grappes dorées. N'allons donc point lui demander l'observation patiente, la création laborieuse et les utiles leçons de morale ! Il ne fut point et il ne pouvait pas être un Molière. Mais, si nous voulons chasser les idées sombres, prenons les comédies de Regnard et nous rirons sans arrière-pensée ; car c'est en riant qu'il composa les *Folies amoureuses*, le *Joueur* et le *Légataire universel*.

La transition. — Tous les poètes dont nous venons de parler avaient subi plus ou moins fortement l'influence de Molière. Certains autres voulurent s'écarter de la grande voie frayée par l'auteur du *Misanthrope* et ils cherchèrent des routes nouvelles. Les étudier brièvement sera la meilleure façon de montrer comment s'opéra la transition entre la comédie du xviie siècle et celle qui charma les spectateurs du siècle suivant.

Le premier, dont il faille tenir compte, est Charles Rivière Dufresny, un singulier personnage un véritable héros de roman (1). Arrière petit-fils d'Henri IV, il reçut de son « cousin » Louis XIV des richesses absolument royales. Mais il faisait bâtir des maisons luxueuses, il se ruinait en jardins « anglais », et le roi dut se déclarer impuissant « à enrichir M. Dufresny ». C'était,

---

(1) Dufresny (1648-1724) écrivit, outre les pièces citées au cours de cette étude, la *Noce interrompue*, la *Joueuse*, la *Malade sans maladie*, la *Réconciliation normande*, etc. Montesquieu profita, pour ses *Lettres persanes* des *Amusements sérieux et comiques* où Dufresny raconte le voyage d'un Siamois à Paris.

dans toute la force du terme, un « bohême »; et l'on n'écrira point l'histoire des irréguliers de la littérature sans lui réserver une place d'honneur.

Cet homme étrange fut un intéressant poète comique. Élève des Italiens, qui lui apprirent à faire rapidement des pièces fort gaies, il protesta dans le prologue du **Négligent** contre l'influence de Molière, et, après l'échec du *Chevalier joueur*, il donna libre cours à son humeur indépendante. Le **Double veuvage**, le **Dédit**, le **Mariage fait et rompu** sont des comédies originales et l'auteur y tira tout de son propre fond. L'allure, d'ailleurs, en est très vive, et quelques scènes nous paraissent d'un comique charmant; mais il y a des invraisemblances un peu fortes, qu'on ne pouvait plus se permettre après le triomphe du naturel sur le théâtre. Avec la **Coquette de village** Dufresny fut un habile peintre de mœurs; et, ici encore, il ne suivit point les traces de Molière, puisqu'il s'occupa des paysans trop négligés par celui-ci. Le gentilhomme campagnard, qui convoite la dot d'une « vilaine »; la reine de village, désireuse d'aller briller dans les salons de la capitale; le bon fermier, dont l'ambition devient immense à l'annonce mensongère d'une fortune colossale, voilà les types que Dufresny nous dessina avec beaucoup de force et de réalité. Il aurait donc pu réussir dans la comédie de mœurs; et l'***Esprit de contradiction*** nous prouve qu'il n'était pas moins apte qu'un autre à faire découler toute une action de l'étude minutieuse d'un caractère.

Mais Dufresny aimait trop la rêverie et la

paresse. Incapable de travailler longtemps, il n'a point laissé une œuvre qui s'impose. Dans son recueil nous trouvons de gracieuses bluettes en un acte ou de longues comédies qui semblent vides. C'est un improvisateur de choses légères : ce n'est point un grand génie comique. Nous devions un souvenir, toutefois, à cet auteur indépendant qui recommande l'usage de la prose au théâtre ; qui rapproche le dialogue de la conversation, grâce à des enjambements ou à des coupes presque romantiques ; et qui, sans dénigrer Molière, ne consent point à se traîner servilement derrière lui.

Il avait manqué à Dufresny un bon collaborateur, capable de donner aux idées de notre bohême le développement dramatique qu'elles méritaient. Pourquoi faut-il que, dans sa longue carrière, il n'ait jamais songé à faire quelque chose avec Dancourt ? Celui-ci était un transfuge du barreau, qui monta sur les planches pour épouser Melle de La Thorillière et qui tenait avec autorité les rôles un peu graves de « raisonneurs » (1). Florent Carton Dancourt fut très apprécié de Louis XIV, pour l'amusement duquel il écrivit soixante comédies en trente ans. Mais les critiques du xviiie siècle, La Harpe et Voltaire par exemple, se montrèrent cruels à son égard. Admiration et sévérité s'expliquent, d'ailleurs, puisque Dancourt est un vaudevilliste s'efforçant de plaire aux spectateurs avec la mise en scène du fait-divers contemporain.

(1) Dancourt, né à Paris en 1661, mourut âgé de soixante-cinq ans dans le Berri, où il faisait pénitence de ses péchés.

Vaudevilliste ? personne, avant Labiche, ne mérita mieux ce titre que l'auteur de la *Parisienne* ou des *Vacances*, de la *Maison de campagne* ou du *Galant jardinier*. Ce sont des petites pièces sans prétentions, et Dancourt n'y vise point à peindre des caractères ou à donner quelque enseignement. Il excite le rire par l'intrigue facile, les méprises, les quiproquos, les situations aussi imprévues qu'irrésistibles. Ici le magister du village, pour se venger du châtelain, lui envoie tout un régiment à loger ; et une soldatesque insolente traite le château en place conquise, jusqu'au moment où M. Grimaudin reconnaît son propre fils et son futur gendre parmi ses fâcheux envahisseurs. Là, un infortuné M. Bernard voit sa petite villa encombrée de chasseurs, de voisins, d'amis, de parents, de voyageurs en détresse ; et il se débarrasse des importuns, en faisant de la maison une auberge où, sous l'enseigne de « l'Épée royale », on traitera magnifiquement... ceux qui paieront bien leur écot. Dancourt excelle à tirer de ces thèmes bizarres, mais assez neufs, tout ce qu'ils renferment de comique. Il connaît vraiment et il exploite les procédés habituels du genre : noms baroques (1), scènes entre des sourds et des bègues ; coups de théâtre inattendus. C'est déjà, au commencement du xviiie siècle, le meilleur des vaudevillistes.

Pour attirer le public à leurs comédies, les auteurs de cette espèce doivent recourir à l'actua-

(1) Citons, entre autres, le musicien Des Soupirs, le plaideur Chicaneville, le greffier de la Paraphardière, le financier Rapineau, la baronne de Va-Partout, la comtesse de Profané et M. de Trouffignac.

lité. Dancourt fut donc amené fatalement à porter sur les planches la question du jour et la chronique contemporaine. La prise de Namur lui inspire l'*Impromptu de garnison*, et une revue passée par le roi devant mille badauds parisiens est le prétexte des *Curieux de Compiègne*. Un charlatan célèbre fait-il courir la foule : voici l'*Opérateur Barry!* La police vient-elle de défendre certain jeu qui lui semblait malhonnête: les belles dames peuvent applaudir, le lendemain, à la *Défaite du Pharaon*. Toujours notre homme est à l'affût des petits scandales quotidiens, et il nous renseigne sur les faits-divers de l'époque, mieux que les nouvellistes dans leurs journaux. Cette passion de l'actualité fut cause qu'il multiplia les personnages dans ses pièces. Avant M. Sardou, nul ne fit s'agiter tant de bonshommes pendant la courte durée de cinq actes. Le *Chevalier à la mode*, où un rastaquouère du xviiie siècle exploite la crédulité de quelques sottes, serait déjà caractéristique. Mais la *Femme d'Intrigues* est un exemple plus typique encore. Dans une officine louche, nous voyons grouiller petits abbés, jeunes muguets, officiers besogneux, faux témoins, coureurs de cachets, solliciteurs d'emplois, emprunteurs sur gages, candidats à l'Académie, c'est-à-dire des maniaques, des aventuriers et des filous. Dancourt nous présente ces gens-là avec une souveraine indifférence pour leur mérite moral; mais avec habileté, avec force et avec un esprit, qui est un peu trop de l'esprit d'auteur. On croirait feuilleter un album fait par un Guillaume ou un Forain.

Tout cela était neuf, nous le reconnaissons, et Dancourt dirigea certainement la comédie vers la peinture des choses actuelles, en même temps qu'il assurait le triomphe de la prose au théâtre. Ce fut sa gloire, mais aussi son malheur ! En effet, les pièces qu'on écrit uniquement pour les contemporains passent comme la fleur ou le bibelot à la mode. Et la postérité se venge sur les Dancourt d'avoir été trop négligée par eux.

Longtemps avant de devenir un ermite, notre vaudevilliste avait vu jouer une comédie, bien supérieure à la *Femme d'intrigues* et au *Chevalier à la mode*. Elle était l'œuvre d'un auteur, déjà célèbre par le *Diable boiteux* et méditant, on peut le croire, son fameux roman de *Gil Blas* (1). Alain René Lesage ne faisait, d'ailleurs, point ses premières armes au théâtre. Sans parler de quelques adaptations espagnoles, il avait donné, deux ans plus tôt, *Crispin rival de son maître ;* et ce joyeux petit acte, où il narrait la vieille histoire d'un laquais déguisé en grand seigneur, se terminait par un sérieux coup de griffe à messieurs les fermiers généraux. Cette escarmouche annonçait une bataille : le 14 février 1709, Lesage fit représenter ***Turcaret*** sur la scène de la Comédie-Française.

Ce n'est point sans peine qu'il avait pu railler les princes de la finance. On avait séduit les acteurs, auxquels le grand Dauphin envoya l'ordre de

---

(1) Lesage, né à Sarzeau, en 1668, mort à Boulogne-sur-Mer en 1747. Il abandonna vite la Comédie-Française pour le théâtre de la Foire où il avait ses coudées plus franches. Voir sur lui notre volume le *Roman*, dans la collection « Les genres littéraires ».

jouer. On essaya de corrompre l'auteur lui-même, avec un cadeau de cent mille livres qu'il repoussa dédaigneusement. Bon gré mal gré, il fallut voir, aux applaudissements du parterre, un traitant bafoué sur les planches et emprisonné pour escroquerie lors de la chute du rideau. Le succès fut immense, ainsi que le constate Lesage dans la *Critique de Turcaret*. Il n'était point dû cependant à l'intrigue qui est médiocre, puisque les trois quarts de la pièce sont pour ainsi dire, une exposition. Il ne résultait pas non plus de la sympathie qu'on éprouvait pour les personnages, car nous sommes là en présence d'un joli monde ! Marquis ivrognes, chevaliers sans vergogne et sans honneur, coquettes plumant messire Turcaret, pour enrichir de ses dépouilles quelque gentil godelureau ; soubrettes friponnes et cupides ; laquais voleurs, qui prennent au dénouement la succession du financier déconfit : tels sont les héros de la pièce, quand on écarte le protagoniste ; et, certes, on peut se détourner avec dégoût de ces créatures et de ces gueux !

Le succès eut une autre cause ; et, s'il a été vraiment durable, c'est que l'auteur sut donner satisfaction à la haine de notre race pour les hommes de proie et d'argent. Les traitants, qui achetaient alors à ferme le droit de faire rentrer les impôts, pressuraient odieusement le peuple, pour qu'un médiocre capital leur rapportât des millions. Nous ne doutons point que Lesage n'eût l'intention, en 1709, de stigmatiser les crimes de ces gens-là, comme Émile Augier l'a fait depuis avec un Vernouillet ou un Roblot. Mais les grandes audaces lui étaient défendues, et, sauf dans la scène terrible où paraît M. Râfle, il s'est borné à une esquisse, dont les traits furent estompés à dessein. Toutefois, si nous n'avons point le vautour dans *Turcaret*, on nous a bien montré la buse. Qu'étaient la plupart de ces fermiers généraux? D'anciens laquais, des garçons d'écurie ou des barbiers! Et ils pouvaient bien avoir le cordon bleu comme Croizat ou compter parmi leurs gendres un Paulmy d'Argenson comme Dangé : ils n'en restaient pas moins des êtres ridicules dont la sottise et l'ignorance amusaient tout le monde à Paris. Le *Turcaret* de Lesage est le portrait de ces pauvres sires. Fils d'un forgeron et d'une pâtissière, ce Mascarille enrichi par ses vols est incapable de parler avec élégance, quoiqu'il se travaille fort à le faire; il débite des quatrains imbéciles que lui fournit le poète Gloutonneau; il sert de risée au premier venu. Ce ne sont là évidemment que les petits côtés du financier; mais pareilles gens redoutent plus la raillerie que l'éloquence indignée. Ils consentent qu'on les appelle pirates, et ne supportent point qu'on les fasse souvenir de leurs basses origines ou de leur manque d'éducation. Et c'est pourquoi on applaudit si fort le loyal Breton qui jeta résolument, à la tête des tripoteurs de son époque, le sac d'écus avec lequel ils avaient espéré l'acheter.

Pièce courageuse, quoique imparfaite, *Turcaret* nous semble une date dans l'histoire du genre. Désormais, la comédie de caractère a vécu. On accueillera bien encore avec faveur le *Glorieux* de Destouches, la **Métromanie**, que composa Piron pour railler les poètes maniaques, et cet agréable **Méchant**, où Gresset nous trace en jolis vers le portrait des roués contemporains. Mais la comédie s'est transformée comme le roman et pour les mêmes causes que lui. On avait voulu qu'elle se tournât vers l'actualité : elle s'occupe de philosophie, discute les questions sociales et aborde même la politique. Après le *Misanthrope* et le *Tartuffe*, voici les *Surprises de l'Amour*, le *Père de famille* et le *Mariage de Figaro*.

La comédie psychologique. — Chez Lesage et chez Dancourt, il subsistait quelques ressemblances avec l'auteur des *Fâcheux* ou du *Bourgeois gentilhomme* : non seulement Marivaux ne ressemble point à Molière, mais il diffère profondément de ses prédécesseurs immédiats.

Pierre Carlet de Chamblain de Marivaux appartenait à la noblesse de robe (1). Encore jeune, il fréquenta les salons où renaissait la préciosité galante, où la science se présentait sous des apparences fort aimables, où l'on parlait de choses sérieuses avec esprit et légèreté. Aux réceptions de la marquise de Lambert, de Mme de Tencin, de Mlle Quinault, il étudia l'âme féminine ; il acquit le talent des fines analyses ; il apprit à babiller agréablement sur des riens. Et les cabales de ses adversaires purent bien lui

(1) Né en 1688 et mort en 1763, Marivaux a écrit, outre deux romans que nous avons étudiés ailleurs, un grand nombre de comédies. Les plus célèbres sont : les *Surprises de l'amour*, les *Fausses confidences*, le *Jeu de l'amour et du hasard*, le *Legs*, la *Double inconstance*, les *Serments indiscrets*, l'*Heureux stratagème*.

infliger des échecs momentanés; mais, après les premières représentations, toujours ses pièces se relevèrent, et le succès en fut aussi durable que décisif. Certes, l'homme était sympathique avec son admirable charité, son oubli des injures reçues, et son indépendance si rare, à cette époque où les Voltaire courtisaient princes, ministres, favorites. Toutefois, en l'applaudissant, on ne fit que rendre un juste hommage à l'auteur comique le plus original, dont la France puisse s'honorer depuis Molière.

Pour réussir, d'ailleurs, il s'était résolument écarté de son incomparable rival. Tout préoccupé de peindre les mœurs et les caractères, celui-ci n'avait guère étudié, l'amour qu'il reléguait au second plan. Souvent même, dans le *Tartuffe*, par exemple, ou dans le *Bourgeois gentilhomme*, les épisodes amoureux semblent des scènes de remplissage; et on s'aperçoit que Molière fait ici une concession au goût de ses contemporains. Marivaux alla chercher au fond de la scène Messire Cupidon; il l'amena sur le devant du théâtre, et il lui confia les premiers rôles. Mais, au lieu de nous raconter les fureurs d'Hermione, de Phèdre ou de Roxane, il nous dit les incertitudes des Lucile, des Araminte, des Silvia; et, ne pouvant écrire la tragédie de l'amour, il fut le Racine de la comédie.

En abordant un pareil genre, on pouvait craindre de devenir monotone. D'Alembert l'insinuait, un jour, à Marivaux qui lui répondit non sans finesse : « J'ai guetté dans le cœur humain toutes les niches différentes où peut se cacher l'amour, lorsqu'il craint de se montrer, et chacune de mes comédies a pour objet de le faire sortir d'une de ces niches ». Le charmant psychologue avait raison contre l'impeccable géomètre. En effet, voici une coquette qui dédaigne l'amour d'un honnête homme ; il feint de vouloir en épouser une autre ; et, aussitôt, elle reconnaît n'avoir jamais aimé que Dorante : la jalousie forçant l'amour à se déclarer, c'est là tout l'*Heureux stratagème*. Ailleurs, la défiante Silvia s'est déguisée en soubrette, afin d'éprouver un prétendant inconnu ; notre cavalier, avec des intentions analogues, prend les habits de son laquais, et le *Jeu de l'amour et du hasard* nous montre la passion victorieuse de tous les préjugés sociaux. Qu'on lise également les *Surprises de l'amour*, les *Fausses confidences*, les *Serments indiscrets*, on y verra comment le dépit, l'humeur jalouse, l'esprit de contradiction, le bonheur naïf d'être aimé pour soi-même, amènent jeunes premiers et jeunes premières à lire au fond de leur cœur. Certes, il n'existe aucun obstacle extérieur à la félicité de tous ces couples. Mais il surgit entre eux des malentendus moraux. Et c'est après mille fluctuations et mille escarmouches qu'ils se tendent réciproquement la main avec un sourire mouillé de larmes. « Dans mes pièces, disait l'auteur des *Surprises*, c'est tantôt un amour ignoré des deux amants, tantôt un amour qu'ils sentent et qu'ils veulent se cacher l'un à l'autre ; tantôt un amour timide qui n'ose se déclarer ; tantôt enfin un amour incertain et comme indécis, un amour demi-né, pour ainsi dire, dont ils se doutent sans en être bien sûrs et qu'ils épient au dedans d'eux-mêmes avant de lui laisser prendre l'essor. Où est en cela la ressemblance qu'on ne cesse de m'objecter ? » Marivaux parlait ici très justement et notait bien ce qu'il y a de neuf dans son théâtre.

Une telle conception de la comédie entraînait fatalement des modifications importantes. L'intrigue chez lui est toute morale, et elle paraîtra pleine de lenteurs à ceux qu'intéressent médiocrement les nuances ou les analyses psychologiques. Les caractères ont subi la même transformation : Lisette et Colombine auraient pu être les soubrettes de Julie d'Angennes ; Dubois nous semble un Scapin qui connaît le cœur de la femme mieux qu'une La Fayette ou qu'un La Bruyère ; et, quant aux belles amoureuses, elles trônent sur le devant du théâtre, pleines de grâce spirituelle et d'adorable bonté. Enfin, tout ce petit monde à l'âme sensible s'exprime en un langage spécial. Pour noter des choses presque insaisissables et ce qu'on appela ingénieusement « les infiniment petits du cœur », notre comique créa un style, parfois un peu mignard et trop encombré de pointes ; mais si délicat, si propre à l'analyse, si joli ! C'était un grand écrivain que Molière. Celui qui inventa le « marivaudage » fut un styliste merveilleux.

Par sa fantaisie, par le caractère tendre et audacieux de ses héroïnes, par ses concetti et sa préciosité, Marivaux ressemble beaucoup au poète de *Peines d'amour perdues*, du *Songe d'une nuit d'été*, de *Comme il vous plaira*. Ce rapprochement avec Shakespeare, si on ne veut point en abuser, est tout à l'honneur de celui qui écrivit les *Fausses confidences* et le *Jeu de l'amour et du hasard*. Il sut être original, en prenant le contre-pied de Molière, en ne craignant point de se montrer poète dans le siècle où triomphait la prose, et, en nous peignant, avec ses hésitations, ses audaces et sa pureté, le sentiment le plus humain de tous, c'est-à-dire l'amour.

Le drame bourgeois et la comédie politique. — Certains auteurs du xviii° siècle s'éloignent encore plus nettement que Marivaux de la tradition moliéresque. Jusqu'alors, on n'admettait point le mélange des genres au théâtre et, si un poète avait parlé de politique sur la scène, il aurait eu sujet de s'en repentir. Mais les mœurs se modifient après la Régence ; l'autorité royale s'affaiblit chaque jour davantage, et, avec Nivelle de la Chaussée, avec Sedaine, avec Beaumarchais, la comédie se conforme de plus en plus aux goûts et aux besoins nouveaux.

Tandis que s'effondrait la noblesse, la classe moyenne avait grandi. Riche désormais et puissante, elle exigeait qu'on lui montrât autre chose que des Géronte, des Orgon, des Monsieur Jourdain. Elle rêvait d'une comédie sérieuse où l'on saurait émouvoir les spectateurs par le récit d'infortunes ordinaires : une séduction, une banqueroute, un mauvais mariage. Nivelle de la Chaussée comprit nettement ce désir de la bourgeoisie parisienne, qu'avaient soupçonné Destouches et Marivaux. Malgré les sarcasmes de Voltaire contre

« la comédie larmoyante », il entreprit de nous donner la tragédie du tiers état (1).

Chez lui, c'est généralement d'un mariage réalisé que résulte l'intrigue. Dans la **Fausse antipathie**, on avait uni contre leur gré, deux jeunes gens, qui ne s'étaient pas vus avant la cérémonie nuptiale, et qui s'enfuirent de part et d'autre après la bénédiction du prêtre. Quelques années plus tard, Léonore rencontre Damon ; ils s'aiment sans se reconnaître ; ils luttent par devoir contre cette inclination ; et ils sont tout heureux au dénouement d'apprendre que leur tendresse réciproque est chose absolument légitime. Pour obéir au **Préjugé à la mode**, Durval feint de ne point aimer sa femme qu'il adore ; car, au XVIIIe siècle, l'amour dans le mariage semble trop vulgaire et trop bourgeois. Mais, on lui inspire de la jalousie et, sans plus singer désormais M. le duc de Richelieu, il avoue à Constance ses sentiments réels. **Mélanide**, le chef-d'œuvre de Nivelle, est encore plus caractéristique. Autrefois, le marquis d'Orvigny avait épousé secrètement une jeune femme, et sa famille avait fait briser cette union. Vingt ans après, comme il recherche en mariage l'aimable Rosalie, il se heurte contre un rival, qui passe pour le neveu de Mélanide, mais qui est l'enfant de cette dame et du marquis. On voit d'ici la scène de l'aveu pénible ; on devine combien doit être belle l'entrevue du père et du fils qui somme le marquis de reprendre son ancienne épouse ou de

---

(1) Nivelle de la Chaussée (1692-1754) écrivit, outre les pièces que nous citons, l'*École des Amis*, *Paméla*, l'*École des Mères*, la *Gouvernante*, l'*École de la Jeunesse*, l'*Homme de Fortune*.

le suivre sur le terrain ; et on déplore que d'aussi fortes situations n'aient point été traitées comme il convenait. Nivelle de la Chaussée pèche, en effet, par l'exécution. Ses intrigues sont trop romanesques ; ses personnages nous semblent bien pâles ; sa thèse n'est jamais assez claire, faute d'un « raisonneur » habile ; et, non seulement il a eu le grand tort d'écrire en vers des comédies « larmoyantes », mais on a rarement vu au théâtre un style plus mauvais que le sien (1). Cela n'empêche point qu'il discuta le premier d'intéressantes questions sociales, et qu'on ne peut lire *Mélanide* sans penser à l'auteur de *Denise*, de l'*Étrangère*, de *Francillon*.

Après Nivelle, faut-il parler de Diderot ?... Oui ! parce qu'il composa le *Paradoxe sur le Comédien*, le traité *De la Poésie dramatique*, et les fameux dialogues intitulés : *Dorval et moi*. Dans ces opuscules, il se révèle un théoricien véritablement outrancier. Partant de ce principe qu'on ne doit mettre que la réalité sur les planches, il attaque vivement les caractères, qui lui semblent être des exceptions ou des monstres. Pour lui, ce qu'il faut représenter, ce sont « les relations » : « le père de famille, l'époux, la sœur, les frères » ; ce sont principalement les «conditions», puisqu'il voudrait « qu'on jouât l'homme de lettres, le philosophe,

---

(1) Par exemple : « Voyez quel est l'abîme où vous nous *enchaînez* » ; « Ces nœuds défectueux, toujours infortunés, sont un *piège* couvert d'une fausse espérance, un *écueil* invisible aux yeux de l'innocence. » Pour dire : « Ma fille s'apprêtait à aller chez son père à la campagne, » il écrit bravement : « Déjà, ce tendre fruit d'un amour mutuel s'apprêtait pour jouir, dans le sein paternel, des douceurs d'un séjour champêtre mais tranquille. » J'en passe et des meilleurs !

le commerçant, le juge, l'avocat, le politique, le citoyen, le magistrat, le financier, le grand seigneur, l'intendant ». Enfin, l'auteur de *Jacques le Fataliste* et de tant d'autres polissonneries désire que le théâtre devienne une école de vertu. Hélas! on peut être un savant théoricien et un dramaturge déplorable. Lisez, afin de vous en convaincre, le **Père de famille**, que Diderot nous propose comme un modèle. Dans une intrigue banale, se démènent des personnages foncièrement ridicules. Ils se livrent à une pantomime désordonnée! Ils prêchent avec emphase, mais sans aucune charité pour le spectateur! Ils pleurent, et on peut dire que la scène est inondée d'un déluge de larmes! N'oubliez point que vous avez là tous les héros d'un mélodrame : le père excellent, mais faible; la fille sensible, qui foule aux pieds les préjugés ; le fils, qui se lamente sans agir ; l'ami dévoué et méconnu ; la pauvre enfant, qui se trouve être au dénouement une très riche héritière ; l'aristocrate brutal et méchant. Il s'y ajoute même le régal d'une lettre de cachet en bonne forme ; des policiers viennent saisir une innocente ; et, sur le mode mineur, on nous célèbre la mansarde de Jenny l'ouvrière. Il valait bien la peine de s'appeler Diderot et d'avoir mené à la bataille les encyclopédistes pour préluder si pitoyablement à la *Grâce de Dieu*, au *Juif errant*, aux *Deux Gosses* !

Faute d'un dramaturge habile, la comédie sérieuse était menacée de disparaître à tout jamais. Un chef-d'œuvre vint la sauver : ce fut le **Philosophe sans le savoir**. Nous devons cette pièce remarquable à Michel Sedaine, un honnête homme et un aimable auteur (1). On s'étonna, en 1765, de voir le gentil librettiste présenter une œuvre aussi hardie, et la censure, qu'effarouchait l'apologie du duel, refusa quelque temps son visa. Nous ne comprenons guère aujourd'hui de tels scrupules. M. Van Derk doit marier sa fille le lendemain, et voilà qu'une misérable querelle oblige son fils à se battre. Mis au courant par de fidèles domestiques, le pauvre père fait merveilleuse contenance, garde une physionomie souriante pour ne point troubler la joie des siens, et demeure même impassible quand on lui annonce tout à coup que son enfant vient d'être tué. C'était heureusement une fausse alerte; mais, sans qu'il y pense, M. Van Derk a été pendant vingt-quatre heures le plus admirable des stoïciens. Telle est cette action, d'une simplicité classique, mais pleine de force, et qui renferme des coups de théâtre angoissants. La scène où Van Derk, occupé de traiter une affaire, apprend la fatale nouvelle et reste ferme à son comptoir, aurait fait l'admiration de Pierre Corneille. Nous ne voyons rien de plus beau, même dans l'antiquité.

Et puis, que de personnages charmants et vrais ! A côté du vieil Antoine, ce domestique fidèle, voyez le jeune homme fougueux et loyal ; le Philosophe dont le cœur souffre malgré son apparent stoïcisme ; et la délicieuse ingénue qui aime le fils de la maison, sans rien comprendre aux sentiments

---

(1) Fils d'un architecte ruiné, Sedaine se fit ouvrier maçon et travailla dans la cour de cette Académie, où il devait siéger un jour. Né en 1719, il mourut en 1797. Il a écrit beaucoup de livrets d'opéras comiques qui sont demeurés célèbres : *Rose et Colas*, le *Déserteur*, *Richard Cœur-de-Lion*.

réels de son cœur. Pour bien apprécier la pièce de Sedaine, il suffit de l'opposer au *Père de famille* et il convient de comparer Victorine à Sophie, et Van Derk à M. d'Orbesson. Cette comédie fine, gracieuse, émouvante, où le sourire brille à travers les larmes, nous apparaîtra mieux alors ce qu'elle est : juste, naturelle, véritable copie de l'existence ordinaire. Pourquoi Sedaine s'en est-il tenu à cette merveilleuse tentative ? Pourquoi retourna-t-il vers l'opéra comique avec *Richard Cœur-de-Lion*? Après le *Philosophe*, il pouvait être un Émile Augier ou un Dumas fils..... Il ne fut que leur glorieux précurseur.

Deux ans après le *Philosophe sans le savoir*, on représentait, à Paris, une pièce qui ne le cède point en ridicule au *Père de famille* ou au *Fils naturel*. C'était *Eugénie*, comédie emphatique et larmoyante, mais avant tout d'une rare banalité. L'auteur se signalait, cependant, par une innovation bien étrange : il inventait les « jeux d'entractes ». L'action étant interrompue, on voyait une soubrette essayer les « chapeaux galants » de sa maîtresse ou des laquais ranger les fauteuils et enlever les tasses qui traînaient sur les meubles. N'était-ce point là chose éminemment risible ? et ne faut-il point déplorer, avec le journaliste Fréron, l'absence d'un « frotteur » qui aurait ciré les parquets pendant que l'héroïne s'évanouit dans la coulisse?... Mais celui qui débutait si mal au théâtre allait bientôt se relever. Il s'appelait Pierre-Augustin Caron, et il dût à sa première femme le nom de Beaumarchais qu'il a rendu immortel.

L'homme a été fort discuté. Certes, il avait des

vertus familiales ; il défendit quelques belles causes, et il collabora puissamment à l'indépendance des États-Unis. Mais ce Chérubin précoce fut un Almaviva pratique. Courtisan éhonté des filles de Louis XV, des favorites, des traitants, il s'enrichit dans des affaires louches, se comporta en maître-chanteur lors d'une histoire de pamphlets politiques, et, polémiste impitoyable, exécuta le juge Goëzman, auquel il n'avait point suffisamment « graissé la patte » et qui avait conclu contre lui. En un mot, Pierre Caron nous apparaît comme le prototype du barbier spirituel, mais peu scrupuleux, qu'il allait nous montrer dans deux comédies folles, et comme le personnage qu'il fallait pour pousser, en riant, vers la tombe l'ancien régime déjà vivement ébranlé par les attaques des philosophes (1).

Sa première victoire au théâtre fut le *Barbier de Séville*. Cette pièce devait être un opéra-comique : elle devint rapidement une comédie en cinq actes. Après deux longues années d'attente, on la représenta, le 23 février 1775. Ce fut une chute presque complète !... Mais, dans un laps de vingt-quatre heures, Beaumarchais élagua, remania, améliora l'action ; et des applaudissements enthousiastes accueillirent le joyeux Figaro, qui entreprit bientôt son tour d'Europe avec un succès identique.

Le sujet était vieux, comme un pourpoint usé

---

(1) Né à Paris, le 24 janvier 1732, Pierre Caron était le fils d'un horloger. Marié trois fois, il eut dans son existence mouvementée, des aventures retentissantes : l'affaire Goëzman et l'affaire Kornman. Après avoir émigré sous la Terreur, il put rentrer en France où il mourut (1799).

aux coudes et hors d'usage. Sans parler de Molière et de Regnard avec l'*École des Femmes* et les *Folles amoureuses*, que de conteurs ou de dramaturges avaient dit la plaisante histoire d'un vieux tuteur auquel sa pupille préfère un gentilhomme séduisant ! Mais le *Barbier de Séville* est vivement mené et contient des scènes de premier ordre : celle de la fièvre scarlatine ou celle de la lettre, qui rappelle, par son ordonnance savante et son revirement ingénieux, la dispute d'Alceste et de Célimène au quatrième acte du *Misanthrope*. En même temps, les caractères étaient nouveaux. L'ingénue, mutine et mignonne, demeure franche et honnête. Le barbon doit être dupé, parce qu'il y a une justice au ciel : toutefois, il n'est point idiot et il a fourni une belle défense. Enfin, on n'avait pas rencontré jusqu'alors un Basile vénal et perfide, non plus que Figaro, cet enfant trouvé, ce maître homme, qui a tâté de tous les métiers et qui possède, avec tant de verve spirituelle, le génie même de l'intrigue. Cela suffisait pour intéresser les spectateurs : Beaumarchais leur fit bonne mesure, et il sema dans le *Barbier* quelques allusions politiques, préludant ainsi au scandale qu'allait causer, neuf ans plus tard, la plus audacieuse de ses comédies.

« C'est détestable et cela ne sera point joué ! » s'écria le débonnaire Louis XVI, quand on lui présenta le manuscrit du *Mariage de Figaro*. Le roi montrait, en cette circonstance, une admirable perspicacité ; mais il avait compté sans son hôte, et Beaumarchais, par ses intrigues, remua profondément l'opinion. Il multiplia les lectures à des grandes dames, à des princes de l'Église, à de futurs empereurs. Il donna des représentations privées chez le baron de Vaudreuil en présence de toute la cour. Il sut gagner l'appui dévoué des bourgeois, des aristocrates. Et, le 27 avril 1784, Figaro lançait effrontément de mordantes épigrammes devant une cohue délirante, où les ducs et pairs étaient assis auprès des vinaigriers et des portefaix !

Oui ! comme l'indique le sous-titre, ce fut véritablement une « Folle journée ». Qu'Almaviva fît la cour à Suzanne, et fût berné au dénouement par la soubrette et la comtesse, peu importait aux spectateurs d'alors, et peu nous importe aujourd'hui ! Malgré des lenteurs et des épisodes trop « larmoyants », c'est une aimable pièce que le *Mariage*; nous en aimons la verve et l'esprit ; nous sommes séduits par la mélancolique Rosine ; l'effronté Chérubin ; l'audacieuse Suzanne, « toujours riante et verdissante », bien qu'elle semble inquiétante sous son imperturbable gaieté. Mais, comme nos ancêtres, nous prêtons surtout notre attention à la satire sociale dont le *Mariage de Figaro* est rempli. On avait déjà vu l'auteur de l'*Écossaise* traîner le journaliste Fréron sur les planches, et Palissot bafouer l'Encyclopédie elle-même dans sa comédie des *Philosophes*. Ici, ce n'est point un personnage ou une secte qu'on attaque : ce sont les institutions qui sont ardemment critiquées. Beaumarchais réclame avec éloquence la suppression de la censure et la liberté de la presse ; car, « seuls, les petits hommes redoutent les petits écrits ». Il malmène les gentilshommes incapables et mal famés qui, pour avoir « noblesse, fortune et places », se sont donné seulement « la peine de naître ». Il fonce enfin sur la justice, vénale parce qu'on achète les charges; sotte dans son respect de « la forme »; « indulgente aux grands, dure aux petits ». Et voilà ce qui constitue l'originalité de Beaumarchais; voilà ce qui fait dans l'histoire du genre la valeur du *Mariage de Figaro*. Non seulement, par dessus la comédie larmoyante, c'était un retour à la vieille tradition; mais c'était aussi le suprême effort de la comédie classique, réussissant, après plus d'un siècle, à discuter sur le théâtre les intérêts de l'État.

Cette victoire lui fut, d'ailleurs, fatale : elle en mourut!... Les comédies de Beaumarchais avaient été le dernier éclat de rire avant l'orage; et ceux qui les avaient saluées de leurs applaudissements connurent bientôt les tristesses de l'exil ou montèrent les degrés de l'échafaud. Ce que devint l'art dramatique dans une période si troublée, on le conçoit aisément. Tandis que Colin d'Harleville imitait Molière et Dancourt, d'autres mirent Thalie au service des passions qui enflammaient tous les cœurs. Souvent leurs à-propos ne sont que grotesques, comme la *Nourrice républicaine* et les *Salpêtriers républicains*. Souvent ils sont odieux autant que ridicules; et Sylvain Maréchal nous en fournirait un bel exemple avec le *Jugement dernier des rois*. La meilleure pièce de l'époque est certainement l'*Ami des lois*, où le courageux Léon Laya fit, en reprenant le cadre des *Femmes savantes*, le procès de la tyrannie jacobine, alors que la Convention jugeait et condamnait Louis XVI. Mais, dans toutes ces pièces, la violence a remplacé l'esprit ; on rit mal avec le couperet de la guillotine suspendu au-dessus de la tête, et, pour retrouver l'antique gaieté française, il faut attendre la fin de la tourmente et cette joyeuse **Madame Angot**, où l'on parodie joliment les déesses du Directoire gardant au sein d'un luxe royal les habitudes de la Halle aux poissons.

Somme toute, ce qui perdit le genre comique au XVIII° siècle ce fut cette passion de l'actualité dont les auteurs étaient possédés depuis Lesage. Il finit sous la Révolution, dans la chronique misérable de la journée ou de la semaine. Et, si l'historien trouve son profit dans ces œuvres, si le critique les étudie par curiosité, le grand public s'en détourne bien vite ; car il y a vainement cherché une peinture exacte et éternelle du cœur humain.

MÉMENTO BIBLIOGRAPHIQUE : Fournel : *La Comédie, les Contemporains de Molière* ; Saint René Taillandier : *Un poète comique du temps de Molière (Boursault)* ; Lenient : *La Comédie au XVIII° siècle* ; J. Lemaître : *La Comédie après Molière et le Théâtre de Dancourt* ; Léo Claretie : *Lesage* ; Vogue : *Gresset* ; Larroumet : *Marivaux* ; G. Deschamps : *Marivaux* ; Lanson : *Nivelle de la Chaussée* ; Ducros : *Diderot* ; L. de Loménie : *Beaumarchais et son temps* ; Lintilhac : *Beaumarchais et ses œuvres* ; Hallays : *Beaumarchais* ; Moland : *le Théâtre de la Révolution* ; Welschinger : *le Théâtre de la Révolution* ; Brunetière : *les Époques du Théâtre français* ; Paul de Saint-Victor : *les Deux masques* ; Sarcey : *Quarante ans de théâtre*.

CHAPITRE V

LA COMÉDIE AU XIX° SIÈCLE

L'époque romantique. — Il semblait que chez nous la veine comique fût épuisée. Mais, sur la terre de France, la comédie ne saurait mourir; et, après les massacres de la Terreur, après l'épopée sanglante de Napoléon Bonaparte, on la vit reparaître sur les planches, où elle allait encore se couvrir de gloire. Sa brillante carrière, pendant tout le siècle défunt, nous ne pouvons que la résumer brièvement. Les auteurs comiques, en effet, sont trop nombreux pour que nous prétendions les étudier dans cette courte brochure; et, d'ailleurs, la plupart d'entre eux se sont bornés à reproduire les qualités ou les défauts des « maîtres du chœur », comme disait Michel de Montaigne.

L'école romantique — constatons-le tout de suite — négligea beaucoup la comédie. Rien n'est, au fond, plus naturel! Tandis que les tragiques rampaient misérablement derrière Corneille ou Racine, Marivaux et Nivelle, Sedaine et Beaumarchais avaient prouvé leur indépendance. Aussi délaissa-t-on la sœur cadette pour rappeler à Melpomène que le monde avait marché depuis cent ans. Toutefois, certains épisodes de ses drames, et notamment le quatrième acte de **Ruy Blas**, nous indiquent quel aurait été le genre de Victor Hugo, s'il avait brigué le laurier comique : dans quelque imbroglio espagnol il aurait semé, à pleines mains, des plaisanteries dignes de Scarron ; et c'est ainsi qu'a procédé, du reste, son meilleur disciple, Auguste Vacquerie, quand il donna **Tragaldabas**. D'autres romantiques devaient, plus tard, écrire d'une plume légère d'amusants petits actes: Théophile Gautier composa le **Tricorne enchanté** et le **Pierrot posthume**. Théodore de Banville charma son auditoire avec les **Fourberies de Nérine** et le **Beau Léandre**, la **Pomme** et le **Cousin du roi**, élégants pastiches où les calembours à la rime viennent couronner quelque tirade pleine de préciosité galante. Un mélange d'esprit, de lyrisme et de burlesque, mais le dédain absolu de toute peinture morale et de tout caractère, voilà ce que l'on trouve chez les romantiques de 1830 ou de 1852. Ils procèdent de Regnard et de Scarron; mais ils semblent ignorer complètement le *Misanthrope* et le *Jeu de l'amour et du hasard*, aussi bien que le *Mariage de Figaro*.

Seul, un homme du premier Cénacle fut véritablement auteur comique ; et encore renonça-t-il de bonne heure à la doctrine de Victor Hugo pour revenir à l'imitation de nos vieux maîtres français. Après l'échec de la **Nuit vénitienne**, en 1830, il avait dit nonchalamment : « Le théâtre, à coup sûr, n'était point mon affaire ! » Alfred de Musset ne voyait pas clair dans son génie, ou, ce qui est plus probable, il souriait en écrivant cela. Bientôt, la *Revue des Deux Mondes* publia des œuvres aimables ou émouvantes, que l'on considéra pendant longtemps comme des « nouvelles » dialoguées. Théophile Gautier déclarait bien à tout venant que c'était là du vrai théâtre; mais nos boulevardiers faisaient la sourde oreille, et une spirituelle actrice dut leur démontrer, en 1847, que l'homme au gilet rouge n'avait point tort. M*me* Allan avait vu jouer le *Caprice* à Saint-Pétersbourg; elle fut étonnée du succès que remportait là-bas cette bluette; elle voulut faire connaître ce bijou aux délicats de Paris. Ce fut une révélation!... Et l'on applaudit avec enthousiasme les pièces qu'on avait parcourues d'un œil distrait quand la savante *Revue* les avait données dix ans plus tôt(1).

Chacun connaît aujourd'hui et tous admirent cet adorable « théâtre en liberté », dont les chefs d'œuvre sont le *Chandelier* ou les *Caprices de Marianne*, *A quoi rêvent les jeunes filles*, et *On ne badine point avec l'amour*. « La scène est où l'on voudra », écrit Musset en tête d'une comédie; et c'est bien au pays bleu qu'il nous entraîne, dans une Bavière ou une Hongrie fantastique, dans des paysages qui nous rappellent l'île de Prospéro, la forêt des Ardennes et le bois d'oliviers où Obéron courtise la reine des fées Titania. Shakespeare aurait aimé cette poésie du décor; et il aurait reconnu aussi dans certains personnages les petit-fils du gros Falstaff, du piètre Parolles, du précieux Armado. Quels jolis types de fats que Messer Vespasiano ou le coquet Irus,

---

(1) Alfred de Musset (1810-1857) a écrit pour le théâtre, outre les pièces citées, *La coupe et les lèvres*, *Fantasio*, *Barberine*, *Il faut qu'une porte soit ouverte ou fermée*, *Il ne faut jurer de rien*, *Bettine*, *Louison*, *Lorenzaccio*, *André del Sarte*, etc.

changeant à toute heure de costume comme une reine de salons! Et n'est-ce point un rare couple de fantoches, le curé Bridaine et le précepteur Blazius, parasites replets qui nous amusent par le spectacle de leur goinfrerie et de leur féroce rivalité? Musset avait le don de manier délicatement le grotesque, et nous ne trouvons rien de semblable auparavant en France, pas même chez un ctor Hugo.

Mais ce qui constitue surtout la valeur de ses comédies, c'est la façon dont il a traité les sentiments de l'amour. Certes, comme Marivaux et Shakespeare, lorsqu'il introduit de jolies femmes qui « flirtent » avec d'aimables cavaliers, Musset abuse un peu des pointes, ne se garde point de l'afféterie, nous semble subtil et maniéré. Ses amoureuses, toutefois, ne connaissent pas de rivales dans l'histoire de notre théâtre. Le poète excelle à nous montrer comment le cœur s'éveille chez des enfants naïves ou ingénues, Ninon et Ninette, Cécile et Carmosine. Il étudie curieusement la coquetterie et les désastres qu'elle cause, quand l'héroïne s'appelle Camille et Marianne. Il nous charme et nous émeut en même temps; car il ne se borne point à célébrer les douceurs de la passion : il veut que nous en connaissions les infortunes. Franck, Octave, Lorenzo ont suivi la mauvaise route et ils seront éternellement malheureux, parce que toute déchéance en amour comporte la perte de la dignité humaine et que l'on est un réprouvé si la Débauche vous planta « son premier clou » dans le cœur. Voilà, en quelques lignes, la grande idée de Musset. Voilà pourquoi nous écoutons jouer avec un frisson les *Proverbes et Comédies*. Il a été trop précieux !.. D'accord !.. Il a mélangé le burlesque au tragique !... Je l'admets !.. Trouvera-t-on cependant un poète comique qui ait dit avec cette vérité, cette émotion, cette chaleur, les joies éphémères et les souffrances profondes de l'amour ?

La comédie de mœurs. — Pendant que triomphait l'école romantique, certains auteurs continuèrent de cultiver avec succès cette comédie de mœurs qui, sous Louis XIV et Louis XV, avait jeté un si vif éclat. Casimir Delavigne fit applaudir les **Comédiens** et l'**École des vieillards**. Scribe fut, pendant nombre d'années, la providence des directeurs de théâtre. Ce vaudevilliste fécond, qui écrivit près de quatre cents pièces pour le Gymnase, l'Opéra-Comique, la Comédie française ou l'Opéra, se vit déchirer par la critique, à cause de ses intrigues banales, de ses « ficelles » trop visibles, et de son style vraiment bien incorrect (1). Mais, sans parler des librettos et des drames historiques, il souleva l'enthousiasme de la classe moyenne avec le **Mariage d'argent** et **Une faute**, avec **Une chaîne** et la **Camaraderie**, avec **Une passion secrète** et la **Demoiselle à marier**. On n'y rencontre point seulement cette aimable ingénue, qui réjouit tant les blasés. Scribe nous peint aussi avec beaucoup d'art les femmes ambitieuses ou coupables, les financiers orgueilleux et cyniques,

---

(1) Par exemple : « Il faut se taire sans murmurer » ; « Ses jours sont menacés... Ah ! courons l'y soustraire » ; « Un évènement dont j'attends vos félicitations ».

les « faiseurs » suppléant au manque de talent par l'esprit de coterie et par l'habileté. La bourgeoisie du règne de Louis-Philippe nous semble revivre dans ces pièces ; et peut-être a-t-on méconnu cet auteur. Il se contentait de bien peu et il écrivait franchement mal ; mais il sut conduire une intrigue ; il fit agir de nombreux personnages assez finement observés ; et il perpétua la tradition de la comédie de mœurs, en frayant la voie aux générations nouvelles, qui le plaisantèrent, non sans le prendre pour modèle et quelquefois même le copier (1).

L'influence d'Eugène Scribe n'aurait point été suffisante : celle de Balzac fut décisive. Non seulement il ramena les romanciers vers la peinture de la vie ordinaire, mais il apprit à nos auteurs comiques combien pouvaient être intéressants sur la scène un boutiquier, un dandy, un agioteur de 1840. Et, s'il n'avait point lu la *Cousine Bette*, *César Birotteau* et la *Maison Nucingen*, il est probable qu'Émile Augier n'aurait point fait absolument ce qu'il fit (2).

C'eût été dommage ; car nul n'était mieux placé que lui ni mieux doué pour ressusciter en France la grande comédie de mœurs. Appartenant à une riche famille bourgeoise, il put facilement étudier une caste, dont il partageait les qualités comme les défauts. Clairvoyant, sensé, ami de l'ordre en toutes choses, il nous semble manquer du sentiment artistique, ne point comprendre assez la beauté de l'amour, et s'en rapporter beaucoup trop

---

(1) Comparer la *Camaraderie* aux *Cabotins* de Pailleron.
(2) Né à Valence en 1820, Émile Augier mourut en 1889.

à Voltaire quand il s'agit de religion. Mais, par leur union intime, cette étroitesse d'esprit et cette solidité de raison firent la force d'Émile Augier. Grâce à elles, ses pièces de théâtre ont acquis une valeur historique, tout comme les romans de Balzac. Et c'est encore à elles qu'il dut ses brillantes victoires dramatiques, tant que régna sans opposition la bourgeoisie, cette classe dont il peignit le portrait fidèle parce qu'il était un de ses fils et que, malgré ses tares, il l'aimait.

Augier n'aborda point aussitôt le genre, dans lequel il devait s'illustrer. Pendant près de dix ans il tâtonna. On le vit successivement écrire la *Ciguë* et le *Joueur de flûte*, des idylles antiques; *Philiberte*, une douce histoire d'amour oubliée par l'auteur des *Fausses confidences*; *Diane*, un drame historique qui rappelle *Marion Delorme*; l'*Aventurière*, cette comédie romanesque et picaresque tout à la fois. Rien de moins original, au surplus! Tantôt, on croirait lire du Ponsard; ailleurs, voici le ton élégant et précieux de Marivaux et de Musset; plus loin encore, à côté d'un sacripant digne de Scarron, se dressent un barbon de Molière, une Isabelle et un Léandre, dans une passionnante intrigue qui nous fait songer à *Tartuffe*. Mais, en dépit de ces imitations trop fréquentes, on pouvait pressentir la vocation de l'auteur. Déjà, il avait fait jouer *Gabrielle*, qu'il commit la faute d'écrire en vers. Déjà, notre bourgeois protestait contre les thèses immorales du romantisme, le relèvement de l'aventurière et l'apologie lyrique de la passion coupable. Il était mûr pour célébrer la famille, dont il allait nous dire les misères ou les joies. Il aboutissait, par une pente insensible, à la vraie comédie de mœurs.

Ce qui frappa cet observateur profond, c'est que la société subissait une crise violente. La Révolution avait brisé toutes les barrières qui séparaient les classes; l'Empire avait montré l'importance de la valeur personnelle; le gouvernement de Juillet permettait de juger la puissance de l'argent. Chacun pouvant parvenir aux premières places par son mérite ou ses écus, la concurrence devint terrible, et il en résulta une situation nouvelle, qu'Émile Augier voulut étaler à tous les yeux parce qu'elle lui semblait inquiétante.

D'abord, le mariage — l'institution sur laquelle repose toute la famille — est menacé. Ce n'est plus qu'un moyen de parvenir! Dans le *Gendre de M. Poirier*, Gaston de Presles bat monnaie avec sa noblesse, épouse la fille d'un boutiquier enrichi, et joue le rôle d'un Dorante qui croquerait la dot de la petite Jourdain. Dans *la Jeunesse*, Philippe Huguet commet les pires capitulations de conscience, se compromet avec les siens dans les relations les plus suspectes et subit un véritable abaissement moral. Réussir grâce à un « beau mariage », telle est la maxime des jeunes gens !... Du côté des jeunes filles, c'est aussi triste. Quand elles sont riches, elles n'ont point toutes le noble caractère de Calliste Roussel qui, dans *Ceinture dorée*, méprise les coureurs de dot : l'héroïne d'*Un beau Mariage* achète un mari factotum et Mlle Poirier se procure à deniers comptants un titre de vicomtesse. N'est-ce point miracle que de pareilles unions n'aient pas une fin lamentable?... Mais, quand le père n'a pu donner au jeune ménage un portefeuille bien garni, des catastrophes se produisent. Avide de jouir et désireuse qu'on la remarque, la femme frivole accumule les dettes, et, comme il arrive dans *Les lionnes pauvres*, la misère, si ce n'est point la honte, vient bientôt s'asseoir au foyer. Voilà comment on fausse la plus grande des institutions! Voilà comment la compromettent le besoin insensé du luxe et la passion de parvenir!

Alors Émile Augier se retourne vers le coupable qui joncha la terre de toutes ces ruines. Avec autant de sagacité et de vigueur que Balzac il dénonce le rôle néfaste de l'argent. L'auteur comique nous présente les Charrier, les Roussel, braves bourgeois que le désir de faire fortune corrompit à leur insu. Il nous traîne dans l'officine de *Maître Guérin*, ce hideux usurier de campagne qui saigne à blanc les malheureux emprunteurs et que son fils renie avec dégoût. Il cloue enfin au pilori le Vernouillet des *Effrontés*, le Roblot de *Jean de Thommeray*, les pirates de la banque cosmopolite, qu'on salue bien bas malgré leurs démêlés avec la justice, et qui, détroussant la petite épargne à la Bourse, ne craignent point de spéculer sur les malheurs de la patrie.

Mais, quand l'honnête homme indigné a flagellé ces misérables, il se demande pourquoi l'argent trouve si peu de résistance dans sa campagne de destruction. Le motif en est bien simple. C'est qu'il appelle à son secours le vice et la débauche sous le masque de la politesse et de la galanterie mondaine. Voyez s'accomplir l'œuvre de la *Conta-*

gion. Dans cette bruyante capitale, qu'Émile Augier a maudite, le luxe, la volupté et surtout l'ironie desséchante amollissent et gâtent bientôt tous les cœurs. Qu'on choisisse l'être le plus noble, Lucien Tenancier, André Lagarde, Jean de Thommeray, et qu'on le jette dans un pareil milieu. Avant peu, par soif du plaisir ou par crainte de la blague cruelle, il fera litière de tous les « préjugés », c'est-à-dire de toutes les vertus ; et, ne croyant plus à la patrie, il amnistiera ou pratiquera lui-même, pour un peu d'or, la trahison.

C'est là, au fond, tout le théâtre d'Émile Augier. Nous nous souvenons bien qu'il écrivit des pièces à thèse, *Paul Forestier*, les *Fourchambault*, *Madame Caverlet*. Nous n'aurions garde de ne point indiquer ses comédies politiques, *Lions et renards* et le *Fils de Giboyer*, où le libéral et le voltairien attaque les bandits de la presse, le parti conservateur et la congrégation des jésuites, sans se garder suffisamment des personnalités injurieuses et violentes (1). Mais cela est discutable et a été fortement discuté, tandis que l'on s'incline devant le peintre de la société moderne, le moraliste éloquent, le dramaturge habile qui dut au commerce des classiques son style correct, spirituel et vigoureux. Parfait honnête homme et maître écrivain, tel fut toujours Émile Augier. Et ces qualités lui assurent, avec l'estime générale, l'admiration de tous les esprits lettrés.

La comédie de caractère semblant disparue à tout jamais, la comédie de mœurs passa longtemps

---

1) Il y a des allusions mordantes à Eugène Veuillot, Eugène de Mirecourt, Mme Swetchine, etc. dans le *Fils de Giboyer*.

au XIXᵉ siècle pour le comble de l'art en matière dramatique. Aussi un grand nombre d'auteurs comiques, qui triomphaient dans d'autres genres, voulurent-ils rivaliser, ne fût-ce qu'une fois avec Émile Augier. Meilhac et Halévy se risquèrent; Gondinet donna Un Parisien; Octave Feuillet, lui-même, ce ciseleur de jolis proverbes, fit applaudir **Chamillac** et **Montjoye**. Mais ceux qui suivirent les traces du maître avec le plus de constance et de bonheur furent certainement Édouard Pailleron et M. Victorien Sardou.

Si l'on cherche avant tout de l'invention au théâtre, on ne goûtera guère les comédies de Pailleron. Dans le *Monde où l'on s'ennuie* il reprend la vieille histoire des *Femmes savantes*, qu'il tâche de rajeunir au troisième acte avec des emprunts flagrants au *Mariage de Figaro*. **Cabotins**, c'est la *Camaraderie* de Scribe, audacieusement démarquée, et dans laquelle il se contente de glisser l'aventure touchante d'une orpheline sympathique. Seule, la **Souris** nous semble contenir une idée assez neuve, qu'il développe avec émotion, finesse et belle humeur. Mais, généralement, on regrette la faiblesse de son imagination.

Ses peintures de mœurs, en revanche, offrent beaucoup d'intérêt. Pénétrons dans le « monde où l'on s'ennuie », c'est-à-dire dans un grand salon au début de la troisième République. Politiciens, candidats à l'Académie, orientalistes, poètes tragiques, philosophes idéalistes et nuageux, toute

---

(1) Édouard Pailleron, né en 1834, mourut en 1899. Ses meilleures pièces, après celles que nous citons, sont l'*Age Ingrat*, l'*Autre motif* et l'*Etincelle*.

cette société frivole s'agite, cabale et pérore devant une galerie de Philamintes qui se passionnent pour les « concepts » ou les poèmes de l'Indoustan. C'est joliment observé, plein de verve, pétillant d'esprit. Mais pourquoi s'attaquer, sous le nom de Bellac, à un excellent philosophe, nullement ridicule et que tous aimaient? Pailleron commit là une lourde faute et il nous a gâté notre plaisir. Avec *Cabotins*, nous retrouvons presque le même salon.... après vingt-quatre ans de démocratie. Adieu les élégances d'autrefois! Des « arrivistes » et des bohêmes ont envahi l'aristocratique demeure. Le médecin pour dames y coudoie le magistrat qui mène « la grande vie »; un peintre naturaliste s'y est glissé en compagie d'un romancier pornographe; et le roi du nouveau cénacle s'appelle Pégomas, un petit journaliste sans valeur, mais non sans bagout. Aussi, bien que le trait y semble un peu plus lourd, ce tableau du relâchement des mœurs mondaines est encore joliment dessiné.

Enfin ce qui nous charme chez Pailleron ce sont les caractères de femmes. Il a bien étudié les intrigantes; les poseuses; les prudes névrosées, comme la fluette Hermine de Sagancey; les évaporées, comme cette Pépa Rimbaut dont les manières sont beaucoup trop libres et le flirt trop audacieux. Il excelle surtout à représenter la jeune fille: Suzanne la rieuse ou Marthe la rêveuse, les adolescentes qui deviennent femmes, les papillons qui sortent de leur chrysalide (1). Attiré par l'innocence gracieuse du « sphinx » adorable, notre

(1) *Le monde où l'on s'ennuie et La Souris.*

auteur a voulu en déchiffrer l'énigme. Il note d'insaisissables nuances; il définit ce mélange charmant de timidité et de hardiesse, de sensibilité et de gaieté, d'enfantillage et de sérieux; il nous expose comment ces bambines, qui jouaient hier encore à la poupée, naissent à la vie réelle grâce à l'amour. N'allons point chercher ailleurs l'originalité de Pailleron! Il a fait la psychologie de la vraie jeune fille moderne ; et c'est pourquoi la postérité sera indulgente à ce spirituel et coquet peintre de mœurs.

Bien qu'il ait commencé d'écrire avant Pailleron, nous avons réservé pour la fin M. Victorien Sardou (1). Il nous fera sentir par quels défauts la comédie de mœurs risque, encore une fois, de se perdre. Dans sa longue carrière, cet auteur n'a presque connu que des triomphes. Il voulait plaire et il a réussi. C'est la cause de l'enthousiasme qu'il excite, de même que ce sera peut-être avant trente ans le motif d'une disgrâce exagérée.

Sans compter l'extrême variété de son théâtre où l'on trouve des échantillons de tous les genres, il a séduit les contemporains par des sujets d'une brûlante actualité. Napoléon est-il à la mode? vite, M. Sardou écrit **Madame Sans-Gêne**. L'invasion des mœurs américaines en Europe provoque aussitôt l'**Oncle Sam**. Et que l'on vienne à discuter la fameuse question de Louis XVII, voici que **Paméla** surgit! Rarement la mode et le snobisme ont rencontré plus complaisant auteur. C'est miracle,

(1) Nous parlerons ailleurs des drames de M. Sardou. Outre les comédies citées dans le texte, il a notamment donné *Nos Intimes, Georgette, Dora, Maison neuve, Odette* et *Divorçons*.

au surplus, de voir comme il sait peindre et reconstituer les milieux : steam-boat et hôtel de New-York dans l'*Oncle Sam;* village où l'on « potine » dans **Nos bons villageois;** cabaret politique ou salon dévôt dans **Rabagas** ou **Séraphine.** C'est plaisir de regarder, en une même pièce, toutes les variétés d'un même type : campagnards, yankees, politiciens, et les rastaquouères de **Fernande,** et les bourgeois de la **Famille Benoîton.** M. Sardou est donc passé maître dans l'art de flatter l'œil et de piquer la curiosité par des restitutions historiques, des tableaux amusants et des groupes de personnages fort adroitement présentés. Nous le reconnaissons volontiers et nous avouons encore que l'auteur des **Pattes de mouche** sait conduire l'action, quand il s'applique, avec une science des préparations merveilleuse et une dextérité digne de Scribe ou de Beaumarchais.

Toutefois, loin du feu de la rampe — et c'est pourquoi M. Sardou n'a point publié ses dernières pièces — l'admiration décroît bientôt. On s'aperçoit que, dans ces tragi-comédies bourgeoises, l'intrigue est souvent invraisemblable ; que les malentendus sur l'honnêteté d'un héros quelconque sont trop fréquents ; et que trop de lettres importantes sont égarées ou volées (1). Moins bien disposé, on examine alors les personnages et on constate que, sous leur extérieur si plaisant à l'œil, il n'y a rien de solide. Thirion et

---

(1) Voir, pour l'invraisemblance, *Fernande;* pour les malentendus, *La Famille Benoîton, Dora, Nos Intimes, Maison neuve, Nos bons villageois, Rabagas,* etc.; pour les lettres, les *Pattes de mouche, Rabagas, Séraphine, Fernande,* etc.

Busonier, Camerlin et Chaffiou, le révérend Buxton et le courtier Jyp sont d'indéniables caricatures. Partout pullulent les « rôles » conventionnels : la femme mariée qui s'ennuie ; le jaloux qui s'emporte et qui brandit un revolver ; les bons petits amoureux, bien gentils, bien aimables, que l'on marie au dénouement. Et, si quelque héroïne s'avise d'avoir un caractère, n'ayez crainte ! M. Sardou la fera changer brusquement au milieu du drame, comme Séraphine ou Sarah Tapplebot, sans prendre soin de vous expliquer ce revirement. Enfin, trop souvent, la question qu'on promettait d'étudier est esquivée avec adresse. Vous ne connaîtrez point l'influence de l'américanisme sur le vieux monde, mais on vous contera une amourette. Vous ne verrez point exposer les déplorables effets de la démagogie, mais on vous dira la mésaventure d'un ambitieux. Il s'agit bien vraiment de caractères et de problèmes sociaux ! On ne vise qu'à vous distraire par des tableaux amusants, avec la collaboration importante d'un costumier et d'un décorateur.

Somme toute, la comédie de mœurs se heurte encore ici à l'écueil où la conduisirent Thomas Corneille et Dancourt. Le désir de plaire par l'actualité lui est funeste. Voulez-vous, en effet, des images, des caricatures, des décors ? Cherchez-vous uniquement le rire facile et le plaisir des yeux ?... L'auteur de *Madame Sans-gêne* est votre homme ! Mais demandez-vous, au contraire, qu'on vous peigne l'humanité vraie et la vie ? Alors ne vous adressez point à M. Sardou, car il vous promettra toutes ces choses et il vous trompera, avec un sourire, sur la qualité de la marchandise.

La farce. — A côté de la comédie de mœurs, la farce et la comédie de pure intrigue jouirent d'une grande vogue au XIX° siècle. Leur plus illustre représentant fut, à coup sûr, Eugène Labiche, dont la réputation est encore considérable. Certains admirateurs voient en lui « le petit-fils de Molière » et prétendent qu'il se montra souvent un moraliste assez profond. Sans nier aucunement son mérite, nous estimons qu'on l'a beaucoup surfait (1).

Lorsqu'on assiste à quelque pièce de Labiche ou — ce qui est plus significatif — quand on la lit chez soi, il est impossible de réprimer le rire fou qui vous saisit. Quelles sont les causes de cette hilarité, dont ne se défendent point même les plus graves ? C'est, d'abord et par dessus tout, la drôlerie de l'idée initiale. Une noce poursuivant toute la journée le fiancé qui cherche *Un chapeau de paille d'Italie*, ou *Les suites d'un premier lit* infligeant à un jeune homme de trente ans une belle-fille quinquagénaire, voilà quelques-unes des inventions avec lesquelles Labiche nous contraint de rire aux éclats. L'idée trouvée, il la développe à l'aide des péripéties les plus imprévues, des rencontres les plus invraisemblables, des quiproquos les plus féconds en situations irrésistibles ; et la *Cagnotte* ou la *Poudre aux yeux*, les *Trente millions de Gladia-*

---

(1) Labiche (1815-1888). Ses meilleures comédies — outre celles que nous citons dans le texte — furent la *Grammaire*, les *Vivacités du capitaine Tic*, le *Misanthrope et l'Auvergnat*, *Edgard et sa bonne*, le *Prix Martin*, *Les 37 sous de M. Montaudoin*, l'*Affaire de la rue de Lourcine*, etc.

tor ou *Un garçon de chez Véry*, suffiraient seuls à prouver ce mérite éclatant de l'auteur. En même temps il accumule les répétitions de mots ou de jeux de scène, les souvenirs historiques et littéraires plaisamment évoqués, les fantastiques récits que débite quelque pompeuse ganache avec un imperturbable sérieux. Et, pour que le spectateur ne puisse même un instant se ressaisir, il presse le mouvement des intrigues; il jette les personnages dans une farandole échevelée; il nous entraîne de force à leur suite, sans permettre que l'on respire avant la chute du rideau. Ceci nous semble déjà le fait d'un excellent vaudevilliste : notre « farceur » y joint, quant il s'agit de créer des types, certains procédés qu'il renouvelle de Dancourt ou qu'il tire de son propre fond. Oh ! les bonshommes de Labiche, quelles réjouissantes caricatures ! Leurs noms baroques suffisent à mettre en liesse tout le parterre (1). On se pâme à la vue de leurs infirmités et de leurs manies : celui-ci transpire; celui-là est sourd comme un pot et répond avec un sourire aux sottises qu'on lui adresse; d'autres enfin, le capitaine Tic par exemple ou Mᵐᵉ Legrainard, ont la main leste ou le pied trop prompt (2). Pour que rien ne manque à la fête quelques-uns parlent auvergnat ou alsacien, et l'allégresse ne connaît plus de bornes si pendant trois actes ils se grattent pour

---

(1) Par exemple, Machavoine, Madame de Sᵗᵉ Poule, Grandcassis, Cravachon, Bouchencœur, Gredane, Cordenbois, Poupardin, Krampach, Rocambole, Mistingue et Lenglumé.

(2) Tardiveau et Vézinet dans le *Chapeau*; Reculé dans les *Noces de Bouchencœur*. Voir également *Les deux timides*, *La main leste*, les *Vivacités du capitaine Tic*, *Embrassons-nous Folleville*.

entraver sous leur chemise les ébats d'un hanneton indiscret (1).

Voilà ce que l'on trouve chez Labiche, et certainement il provoque le rire par l'invraisemblance et la bouffonnerie des situations. Mais les mœurs sont peu étudiées dans ses pièces; s'il tente de s'élever, il tourne à la sensiblerie ou à la déclamation; et l'humanité qu'il nous présente ressemble assez aux figures que reflètent les boules de jardin. Non ! ce joyeux compère, même avec le **Voyage de M. Perrichon**, même avec les **Petits oiseaux**, ne fut point un penseur, ni un « petit-fils » de l'homme qui écrivit le *Misanthrope*. Ses farces n'en sont pas moins des chefs-d'œuvre en leur genre, et il mérite notre reconnaissance pour avoir fondé à l'usage des grandes personnes un Guignol si divertissant.

Meilhac et Halévy, quant au fond, ne diffèrent point sensiblement de Labiche (2). Malgré *Frou-frou*, malgré un effort sérieux dans quelques autres pièces, ils n'ont réussi complètement que dans la farce ou la comédie d'intrigue. Même quand ils affichent des prétentions plus hautes, ils ne peuvent écarter le gros comique et nous en donnerons pour preuves les rapins excentriques de la **Cigale** et l'archéologue maniaque de la **Petite Marquise** avec son « Histoire des troubadours ». Cependant, s'ils ont moins de puis-

---

(1) Voir le *Misanthrope et l'Auvergnat* et le *Plus heureux des trois*, par exemple.
(2) Voici leurs autres pièces les plus goûtées : *Barbe bleue*, les *Brigands*, l'*Été de la Saint-Martin*, *Fanny Lear*, la *Grande-duchesse de Gérolstein*, la *Vie parisienne*. Parmi les comédies que Meilhac écrivit tout seul, citons : *Décoré*, *Margot* et *Ma Cousine*.

sance que leur illustre contemporain, il faut leur accorder plus de délicatesse, et cela distingue déjà le *Roi Candaule* ou les *Sonnettes* des *Trente sept sous de M. Montaudoin*. Ce n'est point tout, et les deux auteurs exploitent une veine un peu négligée jusqu'alors. Ils s'exercent dans la parodie, et, avec deux œuvres comme la **Belle Hélène**, ils ont remporté des victoires. La méthode employée ici est tout à fait simple, mais infaillible. On prend quelque vieille légende et des héros chantés par les aèdes en un poème immortel ; on conserve le cadre et l'aventure ; puis, on verse dans tout cela les sentiments des petits-maîtres modernes et les habitudes du Boulevard. Hélène devient une « parisiennette » du Second Empire ; Oreste emplit de sa gaieté bruyante les restaurants où l'on s'amuse, et le fier Ajax, qui porte monocle, semble le modèle des gâteux. Faut-il ajouter que ces personnages d'Homère collectionnent les timbres-poste ; qu'ils font des bouts-rimés ou devinent une charade, dont le mot est locomotive ; et qu'ils risquent, au jeu de l'oie, trois mille ans avant notre époque, des louis ou des napoléons. Le comique résulte de l'anachronisme perpétuel et cela rappelle, par endroits, le *Virgile travesti* de Scarron. Mais chez les auteurs de la *Belle Hélène* il y a une finesse, une ironie légère ; une alliance de la fantaisie aristophanesque et de la plaisanterie gauloise que le cul-de-jatte ne connut jamais. Et c'est pourquoi nous pardonnons leur parodie de l'incomparable *Iliade* à ces Athéniens de Paris.

Les pièces à thèse et la comédie sociale. — La comédie d'intrigue ou la farce furent donc illustrées, au XIXe siècle, par des écrivains, dont la verve était bouffonne ou l'esprit fin et délicat. Mais leur succès nous semble petit à côté de la vogue dont jouit alors la comédie philosophique et sociale. Ce genre, trop négligé jusqu'en 1867, eut l'heureuse fortune de séduire un auteur aussi hardi que puissant, et, avec Alexandre Dumas fils, on vit, sur les plus grands de nos théâtres, la « pièce à thèse » triompher (1).

Que pouvait, lors de ses débuts, être l'enfant d'un homme qui avait imaginé les *Trois Mousquetaires* et *Antony* ? Il fut naturellement un romantique, et il emprunta à Victor Hugo l'un de ses thèmes préférés. La *Dame aux camélias* ramène devant le public de 1852 l'aventurière qui se réhabilite par le sacrifice et l'amour. Mais cette Marion de Lorme ou cette Thisbé, ce n'est point dans l'Italie du XVIe siècle ou dans la France de Richelieu qu'Alexandre Dumas la fait vivre, avec un entourage de sbires et de frivoles amoureux. Marguerite Gautier est une contemporaine de l'auteur ; il l'a connue ; il la peint d'après nature ; et, dès son premier pas, il est en marche vers le réalisme qu'il entrevoit. Le voici, presque aussitôt, entraîné loin de ses anciens maîtres par son humeur indépendante. Le *Demi-monde*, le *Fils naturel*, la *Question d'argent*, l'*Ami des femmes*, sont des comédies où il ne fait plus la

---

(1) Alexandre Dumas fils (1824-1895) écrivit des romans et des brochures sur certaines questions littéraires ou sociales. Outre les pièces que nous citons, il a donné *Diane de Lys*, la *Princesse de Bagdad*, le *Père prodigue*, le *Bijou de la reine*.

moindre concession au romantisme. Dans une intrigue absolument vraie, il étudie certaines catégories sociales, non sans quelque brutalité. Il y affiche un pessimisme général, et on déplore qu'il professe un singulier mépris de la femme, après l'avoir observée seulement dans les salons douteux où l'on triche et où les baronnes de pacotille se livrent à la chasse aux maris. Mais le réaliste ne manque point de vigueur, et nous voyons poindre autre chose. Le *Fils naturel*, le *Demi-monde*, l'*Ami des Femmes* posent des questions délicates ; les « raisonneurs », comme Olivier de Jalin et M. de Ryons, commencent à pérorer et à mener l'intrigue ; et Dumas se laisse aller tout doucement vers la discussion de certains cas de conscience.

La dernière étape fut vite franchie ! Sous l'influence de George Sand et de ses propres réflexions, Alexandre Dumas devint — surtout après la guerre — un moraliste qui prend le théâtre pour tribune. Il écrivit des « pièces à thèse » : les *Idées de Madame Aubray*, et la *Princesse Georges*, *Monsieur Alphonse* et l'*Étrangère*, *Denise* et *Francillon*. Il lui arriva même de s'égarer dans le symbolisme et de mériter qu'on l'appelât un visionnaire, lorsqu'il fit jouer la *Femme de Claude*. Mais, en général, ses comédies — sans sortir de la vie réelle — nous soumettent de graves problèmes, dignes d'une scrupuleuse attention.

Quelles sont, en effet, les thèses que développe Alexandre Dumas ? Dans la société telle qu'elle existe, nulle protection, dit-il, pour la jeune fille que l'on séduit et que l'on abandonne! nulle protection pour l'enfant naturel, dont le père ne se soucie aucunement! nulle protection pour l'épouse, qu'on s'arroge le droit de tuer quand on la trouve infidèle, et à qui l'on refuse tout recours vraiment sérieux contre le plus infâme des maris! Pourquoi cela?... Oh! la réponse est bien simple. Nous consultons en tout notre égoïsme; nous poursuivons seulement le bonheur et le plaisir; nous raillons l'esprit de sacrifice, lâches déserteurs du devoir. Si bien que tout chancelle; que tout s'effondre, et qu'on voit trôner sur des ruines la Bête, qui est le vice et l'immoralité.

Pour mettre un terme à cette honteuse maladie morale, Alexandre Dumas préconise plusieurs remèdes. Il faut avoir l'amour des gens de bien et la haine des misérables, qu'il frappe, lui, toujours au dénouement. Il faut corriger les erreurs du sort envers les hommes pour qui la vie ou le code furent cruels; réformer les lois imparfaites; relever quiconque a failli par misère, par ignorance, par crédulité. Il faut enfin se tracer à soi-même le programme suivant: « Considérons l'existence comme une chose sérieuse; luttons contre l'injustice et le préjugé; n'admettons point l'amour en dehors du mariage et faisons reposer cette institution sainte sur le respect des droits de chacun! » Voilà les idées d'Alexandre Dumas; et, comme elles choquaient notre égoïsme, elles ont provoqué de rudes batailles, bien que nous ayons là, avant les Tolstoï et les Ibsen, une morale fondée sur la justice, le pardon et la pitié.

On pourrait croire que nous parlons seulement

ici d'un philosophe. C'est ce qu'il fut principalement, et toute comédie était pour lui un moyen d'exprimer son opinion avec relief et avec force. Mais, quoique d'une espèce particulière, il a été aussi un dramaturge remarquable. La pièce se présentait à lui sous la forme d'une antinomie à résoudre; il cherchait la solution du problème posé; et, quand il croyait l'avoir trouvée, il bâtissait *Denise* ou les *Idées de M*^{me} *Aubray* de façon que tout se hâtât vers la conclusion avec une logique impeccable. Aussi, quel art dans toutes ses comédies! L'action, très simple, est minutieusement préparée afin que le spectateur ne se cabre point; une grande scène nous impose l'opinion de l'auteur et il nous enlève notre assentiment à force d'éloquence ou d'émotion; puis, quand les « raisonneurs » ont achevé la victoire par quelque tirade décisive, le dénouement survient tout à coup et nous n'avons point le temps de nous ressaisir pour critiquer. C'est proprement ici le comble de l'habileté dramatique!

A cette science parfaite du théâtre, Alexandre Dumas joint la beauté de la forme. Sans doute, il ne se défend point toujours assez du pédantisme scientifique et de la préciosité. Mais son style est précis, ingénieux, spirituel, surtout quand la bataille semble rude à gagner; son style marche preste et rapide, même dans les tirades de longue haleine; son style, en un mot, c'est le « style de théâtre », qui ne manque jamais son effet. Admirons donc chez Alexandre Dumas le penseur, le dramaturge, l'écrivain. Avec lui, la comédie française s'est élevée pendant le XIXe

siècle aussi haut qu'elle pouvait monter ; et il faut savoir gré à ce maitre d'avoir rappelé que le théâtre doit discuter de grands problèmes, au lieu d'être, comme il le fut trop souvent, le divertissement de quelques oisifs.

Conclusion. — Après Alexandre Dumas, nous sommes obligés de conclure. Depuis vingt ans, la production dramatique est grande ; mais aucun courant bien certain ne se dessine, et, quant aux écrivains dont nous applaudissons les œuvres, l'heure n'est point venue de les juger. Au théâtre plus que partout ailleurs, le public — suivant une parole célèbre — n'est infaillible qu'à la seconde génération.

Notons toutefois les faits saillants de cette dernière période. Tandis que MM. Paul Hervieu, Maurice Denier et Brieux écrivent bravement des pièces à thèse ; tandis que les *Surprises du divorce*, la *Dame de chez Maxim* ou *Madame Mongodin* perpétuent la tradition de la farce, une jeune école s'est précipitée à corps perdu dans le naturalisme, sur les traces d'Henri Becque, un homme de grand talent. On ne saurait méconnaître que l'auteur de la *Parisienne* et des *Corbeaux* n'ait peint avec vigueur les lâchetés de l'amour, les misères de l'existence, et la coquinerie des hommes d'affaires exploitant une famille, dont le chef a disparu. Mais ses comédies semblent un peu vides, lorsqu'il ne se borne point à un acte ; l'intrigue en est généralement assez lâche ; et les personnages, souvent mal expliqués, étalent avec une complaisance invraisemblable les mauvais sentiments qu'on a l'habitude de dissimuler. Naturellement les disciples d'Henri Becque érigèrent en théories ses défauts. Au Théâtre-Libre, on s'interdit l'art des préparations. Au lieu de pièces bien conduites, on ne présenta que des « tranches de vie », c'est-à-dire une succession de tableaux, intéressants peut-être, mais mal reliés entre eux. On s'obstina à ne mettre sur les planches que des aventures brutales ou repoussantes avec des caractères exceptionnels ou monstrueux. Et nous nous demandons avec curiosité ce que l'on pensera dans un quart de siècle des Ajalbert, des Hennique, des Jean Jullien.

L'école naturaliste ne tolère ni la délicatesse, ni l'élégance, ni l'esprit. C'est par ces qualités que se distinguent, au contraire, les représentants de la comédie ironique : MM. Henri Lavedan et Jules Lemaître. L'un, avec **Viveurs** et le **Prince d'Aurec**, a joliment fait voir la décadence morale de la bourgeoisie qui s'amuse et la déchéance de cette noblesse frivole qui, reniant ou « blaguant » son passé, se compromet dans la fréquentation des parvenus de la finance. L'autre, critique exquis et voilant beaucoup d'ironie sous une bienveillance souriante, a composé huit ou neuf pièces, dont les meilleures nous semblent **Flipote** et le **Pardon**. Comme il se joue agréablement des aristocrates dégénérés, des boulevardiers vicieux ou ridicules, des cabotins de la scène et de la politique! Comme il excelle à définir ce qui se dissimule sous nos prétentions à la charité ou à la clémence et, ce que certains dévouements peuvent recouvrir d'égoïsme! D'autres s'indigneraient au spectacle des mesquineries et des laideurs humaines. M. Jules Lemaître aime mieux sourire; et il traite tout avec une ironie supérieure, dont la continuité fatiguerait peut-être, si elle n'était point maniée par un artiste merveilleux (1).

Enfin, il est impossible de ne pas signaler, à côté des naturalistes et des ironistes, la renaissance indéniable de la comédie en vers. Le *Passant* et le *Trésor* de M. François Coppée avaient entretenu la tradition. Les adaptateurs de Shakespeare, MM. Legendre, Haraucourt et Dorchain, remirent en vogue ce genre qu'avaient illustré chez nous de si grands auteurs. Et, après les joyeuses fantaisies de M. Richepin (2), voici les *Romanesques* de M. Edmond Rostand (3). L'idée de la pièce est ingénieuse. Deux bons bourgeois feignent de se haïr, comme Montaigu et Capulet, pour amener leurs romanesques enfants à imiter Roméo et Juliette. Mais, par un plaisant retour des choses, quand le mariage est décidé, une brouille sérieuse éclate, et, sans l'intervention d'un petit-fils de Scapin, Sylvette n'épouserait pas son Percinet. Nous sommes encore ici transportés en plein pays bleu; et ce sont trop des personnages de comédie italienne qui débitent des vers parnassiens dans un paysage de Watteau. Mais la virtuosité de M. Rostand désarme vraiment la critique, et l'on admire le jeune et brillant poète, qui

---

(1) M. Jules Lemaître a également écrit *Révoltée*, *l'Âge ingrat*, les *Rois*, la *Bonne Hélène*, l'*Aînée*, le *Député Leveau*, *Mariage blanc*.
(2) *Monsieur Scapin*, le *Flibustier*, *Vers la joie*.
(3) Voir sur *Cyrano de Bergerac* et l'*Aiglon*, notre volume « Drame et Tragédie ».

imite Regnard, Musset, Banville, avec tant de brio, de grâce et de gaieté !

De tout cela que sortira-t-il ?... Nous le répétons, il est difficile de le prévoir. En tout cas, puisse notre comédie demeurer digne de son glorieux passé ; car rien n'est plus beau et plus varié que sa carrière déjà longue. Nous l'avons vue plaire par le développement d'une folle intrigue, observer savamment les mœurs, ridiculiser les imbéciles ou flétrir les coquins, donner aux hommes de hautes leçons, discuter les questions sociales et prétendre imposer les solutions, qui lui paraissaient justes, à l'opinion et au législateur. Mais, amusante et bouffonne, sérieuse et profonde, elle a toujours réussi — que nos jeunes auteurs le sachent bien ! — parce que le public y a toujours rencontré ces qualités nationales si bien définies par Musset en quelques vers :

> Gaîté, génie heureux, qui fut jadis le nôtre,
> Rire dont on riait d'un bout du monde à l'autre,
> Esprit de nos aïeux, qui te réjouissais
> Dans l'éternel bon sens, lequel est né français.

MÉMENTO BIBLIOGRAPHIQUE : Arvède Barine : *Musset* ; Claveau : *Musset* ; J. Lemaître : *Impressions de théâtre* ; Parigot : *Le théâtre d'hier, Émile Augier* ; Doumic : *De Scribe à Ibsen, Essais sur le théâtre contemporain* ; Sarcey : *Quarante ans de théâtre* ; Faguet : *Notes sur le théâtre contemporain* ; Filon : *De Dumas à Rostand* ; Lenient : *La comédie au XIXᵉ siècle* ; Jean Jullien : *Le théâtre vivant* ; T. Gautier : *Histoire de l'art dramatique en France*.

FIN

11837-00. — CORBEIL. IMPRIMERIE ÉD. CRÉTÉ.

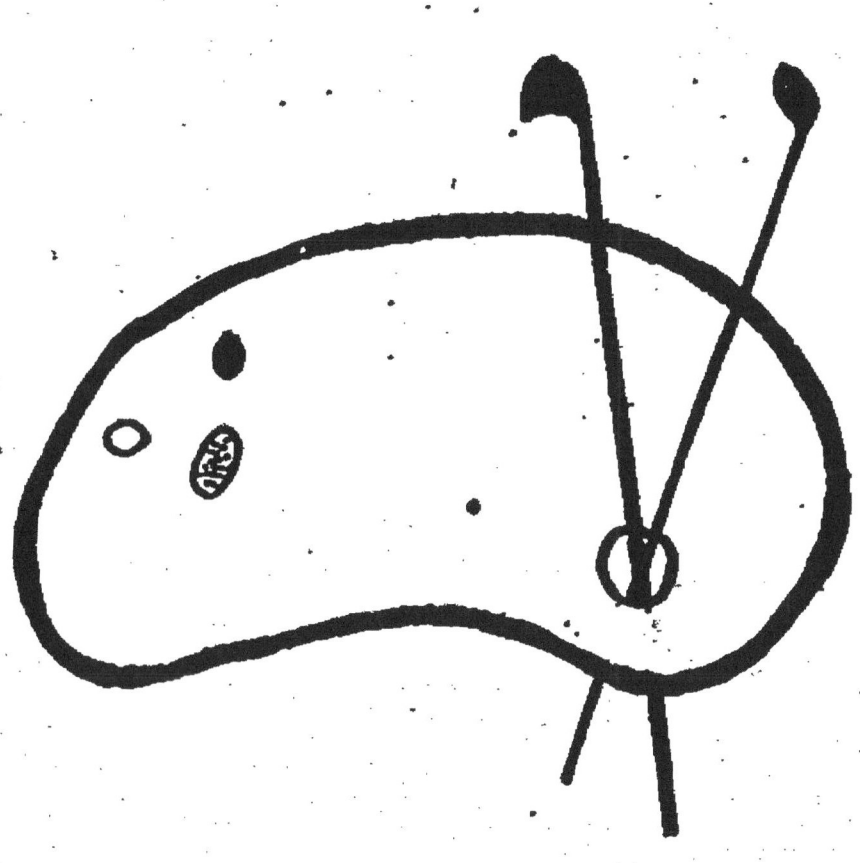

ORIGINAL EN COULEUR
NP 2 43-120-8

www.ingramcontent.com/pod-product-compliance
Lightning Source LLC
Chambersburg PA
CBHW060156100426
42744CB00007B/1058